Unterwegs in Frankreich

Unterwegs in
Frankreich

Redewendungen • Vokabeln • Extratipps

GONDROM

Konzept und Producing: twinbooks, München
Text und Redaktion: twinbooks, München
(Gabi Lange, Laurence Wuillemin, Isabelle Durand)
Covergestaltung: Dietmar Stammel
Umschlagfoto: MEV, Augsburg

011

ISBN 3-8112-2584-7

5 4 3 2 1

www.gondrom-verlag.de

Inhalt

Lautzeichen	Anwendungsbeispiele		
Vokale		**Konsonanten**	
[a]	arbre	[p]	petit
[ɑ]	diable	[t]	tête
[ɑ̃]	tante	[k]	couper
[e]	aller	[f]	fruit
[ɛ]	lait	[s]	savoir
[ɛ̃]	jardin	[ʃ]	choix
[ə]	me	[b]	baigner
[i]	ami	[d]	dent
[o]	oser	[g]	galant
[ɔ]	propre	[v]	vanité
[ɔ̃]	bronzer	[z]	visiter
[ø]	deux	[ʒ]	jour
[œ]	neuf	[j]	ration
[œ̃]	un	[l]	lettre
[u]	jour	[r]	rue
[y]	but	[m]	médecin
		[n]	nommer
		[ŋ]	camping
		[ɲ]	champagne
Halbvokale			
[w]	oui		
[ɥ]	suer		

In diesem Reisesprachführer wird die Internationale Lautschrift verwendet.

Begrüßen und Verabschieden

Begrüßen

Hallo! **Salut!** [saˈlʏ]

Guten Tag! **Bonjour!** [bɔ̃ˈʒur]

Guten Morgen! **Bonjour!** [bɔ̃ˈʒur]

Guten Abend! **Bonsoir!** [bɔ̃ˈswar]

Wir haben uns schon lange nicht mehr gesehen.
Cela fait longtemps que nous ne nous sommes pas vus.
[səˈla fɛ lɔ̃ˈtɑ̃ kə nu nə nu sɔm pa vʏ]

Es ist bestimmt schon ... Jahre/Monate/Wochen her.
Cela fait déjà bientôt ... ans/mois/semaines.
[səˈla fɛ deʒa bjɛ̃ˈto … ɑ̃/mwa/səˈmɛn]

Herzlich willkommen!
Je vous/te souhaite la bienvenue!
[ʒə vu/tə swɛˈt la bjɛ̃vəˈnʏ]

Schön, Sie/dich zu sehen!
Je suis content(e) de vous/te voir!
[ʒə sɥi kɔ̃tɑ̃t də vu/tə vwar]

Verabschieden

Auf Wiedersehen! **Au revoir!** [o rəˈvwar]

Tschüß! **Salut!** [saˈlʏ]

Bis bald! **À bientôt!** [a bjɛ̃ˈto]

Bis morgen! **À demain!** [a dəˈmɛ̃]

Schönen Abend! **Bonne soirée!** [bɔn swaˈre]

Gute Nacht! **Bonne nuit!** [bɔn nɥi]

Gute Reise! **Bon voyage!** [bɔ̃ vwaˈjaːʒ]

Ich wünsche euch einen schönen Tag/Abend!
Je vous souhaite une bonne journée/soirée!
[ʒə vu swɛt ʏn bɔn jurne/sware]

Allgemeine Redewendungen

Sich vorstellen

Ich heiße ... **Je m'appelle...** [ʒə maˈpɛl]

Wie heißen Sie/heißt du?
Comment vous appelez-vous/t'appelles-tu?
[kɔˈmɑ̃ vuz‿aˈpəlevu/taˈpɛltʏ]

Das ist meine Frau/mein Mann.
Voici ma femme/mon mari. [vwasi ma fam/mɔ̃ mari]

Wer ist Herr/Frau ...?
Qui est Monsieur/Madame...? [ki ɛ məˈsjø/maˈdam]

Sind Sie Herr/Frau ...?
Vous êtes Monsieur/Madame..? [vu ɛt məˈsjø/madam]

Darf ich Ihnen/euch Herrn ... vorstellen?
Puis-je vous présenter Monsieur...?
[pɥiʒə vu prezɑ̃ˈte məˈsjø]

Ich möchte dich mit Frau ... bekannt machen.
Je voudrais te présenter Madame...
[ʒə vudrɛ tə prezɑ̃ˈte madam]

Angenehm. **Enchanté(e).** [ɑ̃ʃɑ̃ˈte]

Befinden

Wie geht es Ihnen/dir?
Comment allez-vous/vas-tu? [komɑ̃ alevu/vatʏ]

Mir geht es gut. **Je vais bien.** [ʒə vɛ bjɛ̃]
... schlecht. **...mal.** [mal]
... so la la. **...comme ci, comme ça.** [kɔm si kɔm sa]

Es könnte besser gehen.
Ça pourrait aller mieux. [sa purɛ ale mjø]

Das ist schön zu hören.
Je suis content(e) de l'entendre. [ʒə swi kɔ̃ˈtɑ̃t də lɑ̃ˈtɑ̃ːdr]

Das tut mir Leid. **Je suis désolé(e).** [ʒə sɥi dezɔˈle]

Fragen und Bitten

Wie viel Uhr ist es? **Quelle heure est-il?** [kɛl œr ɛt‿il]

Welchen Tag haben wir heute?
Quel jour sommes-nous aujourd'hui?
[kɛl ʒur sɔm nu oʒurˈdɥi]

Wo ist die Touristeninformation?
Où est l'office de tourisme? [u ɛ lɔˈfis də tuˈrism]

Was kostet das?
Combien est-ce que cela coûte? [kɔ̃ˈbjɛ̃ ɛs kə səˈla kut]

Würden Sie bitte ein Foto von uns machen?
Vous pourriez prendre une photo de nous, s'il vous plaît?
[vu purje ˈprɑ̃dr ʏn fɔˈtɔ də nu sil vu plɛ]

Sie müssen nur hier drücken.
Vous avez juste besoin d'appuyer ici.
[vu ave ʒʏst bəzwɛ̃ dapɥiˈje isi]

Können Sie mir bitte ein Taxi bestellen?
Vous pouvez m'appeler un taxi, s'il vous plaît?
[vu puve maˈple ɛ̃ taksi sil vu plɛ]

Bitte fahren Sie mich in die ...-Straße.
Vous pouvez me conduire dans la rue ..., s'il vous plaît?
[vu puve mə kɔ̃ˈdɥiːr dɑ̃ la rʏ … sil vu plɛ]

Einen Augenblick bitte.
Un instant, s'il vous plaît [ɛ̃ ɛ̃sˈtɑ̃ sil vu plɛ]

Bitte warten Sie einen Moment.
Attendez un moment, s'il vous plaît
[aˈtɑ̃ de ɛ̃ mɔˈmɑ̃ sil vu plɛ]

Das freut mich sehr. **Cela me fait plaisir.** [səˈla mə fɛ plɛˈzir]

Können Sie/kannst du mir helfen?
Vous pourriez/Tu pourrais m'aider?
[vu purje/tʏ purɛ mede]

Kann ich Ihnen/dir helfen?
Je peux vous aider/t'aider? [ʒə pø vu ede/tede]

Vielen Dank, das ist sehr nett von Ihnen/dir.
Merci beaucoup, c'est très gentil à vous/à toi.
[mɛrˈsi boˈku sɛ trɛ ʒɑ̃ˈti a vu/a twa]

Vielen Dank für Ihre/deine Hilfe.
Merci beaucoup pour votre/ton aide.
[mɛrˈsi boˈku pur votr‿ɛd/tɔ̃‿ɛd]

Ich möchte mich für Ihre/deine Mühe bedanken.
Je voudrais vous/te remercier pour votre/ta peine.
[ʒə vudrɛ vu/tə rəmɛrˈsje pur vɔtr‿ɛd/tɔ̃‿ɛd]

Gern geschehen. **Il n'y a pas de quoi.** [il ni‿ja pa də kwa]

Bitte? **S'il vous plaît.** [sil vu plɛ]

Bitte. **De rien.** [də rjɛ̃]

Danke. **Merci.** [mɛrˈsi]

Natürlich, das ist kein Problem.
Bien sûr, pas de problème. [bjɛ̃ syr pa də prɔˈblɛm]

Das ist doch nicht nötig.
Ce n'est vraiment pas la peine. [sə nɛ vrɛˈmɑ̃ pa la pɛn]

Das macht doch nichts. **Cela ne fait rien.** [səˈla nə fɛ rjɛ̃]

Keine Ursache. (Entschuldigung)
Il n'y a pas de mal! [il ni‿ja pa də mal]

Keine Ursache. (Dank)
Il n'y a pas de quoi. [il ni‿ja pa də kwa]

Das ist sehr freundlich von Ihnen/dir.
C'est très gentil à vous/toi. [sɛ trɛ ʒɑ̃ti a vu/twa]

Alter

Wie alt bist du? **Quel âge as-tu?** [kɛl aːʒ atʏ]

Wann ist Ihr Geburtstag?
Vous êtes né(e) quand? [vuz‿ɛt ne kɑ̃]

Ich bin ... Jahre alt. **J'ai ... ans.** [ʒɛ … ɑ̃]

Darf ich Sie nach Ihrem Alter fragen?
Est-ce que je peux vous demander votre âge?
[ɛs kə ʒə pø vu dəmɑ̃ˈde vɔtr‿aʒ]

Sie sehen aber viel jünger aus.
Vous faites bien plus jeune. [vu fɛt bjɛ̃ plʏ ʒœn]

Das hätte ich nicht gedacht.
Je n'aurais pas cru. [ʒə nɔrɛ pa krʏ]

Verständigung

Wie spricht man dieses Wort aus?
Comment prononce-t-on ce mot?
[kɔˈmɑ̃ prɔnɔ̃ˈs t‿ɔ̃ se mo]

Was bedeutet das?
Qu'est-ce que cela veut dire? [kɛs kə səˈla vø dir]

Sprechen Sie/sprichst du deutsch oder englisch?
Vous parlez/Tu parles allemand ou anglais?
[vu parˈle/tʏ parlə alˈmɑ̃ u ɑ̃ˈglɛ]

Wie bitte? Ich habe Sie/dich nicht verstanden.
Pardon? je ne vous ai/t'ai pas compris(e).
[parˈdɔ̃ ʒə nə vuz‿ɛ/tɛ pa kɔ̃ˈpri/z]

Entschuldigen Sie bitte, ... **Excusez-moi ...** [ɛkskʏˈzemwa]

Können Sie das wiederholen?
Vous pouvez répéter? [vu puve repeˈte]

Kannst du mich verstehen?
Tu me comprends? [tʏ mø kɔ̃ˈprɑ̃]

Können Sie bitte etwas langsamer/lauter sprechen?
Vous pourriez parler plus lentement/fort, s'il vous plaît?
[vu purje parle plʏ lɑ̃təmɑ̃/for sil vu plɛ]

Kannst du mir das buchstabieren?
Tu peux me l'épeler? [tʏ pø mə leˈpele]

Bitte schreiben Sie mir das auf.
Vous pouvez me l'écrire, s'il vous plaît?
[vu puve mə leˈkrir sil vu plɛ]

Ich spreche nur sehr wenig ...
Je ne parle qu'un tout petit peu le/l' ...
[ʒə nə parl kɛ̃ tu pəˈti pø lə/l]

Glückwünsche

Herzlichen Glückwunsch!
Bon anniversaire! [bɔ̃‿anivɛrˈsɛr]

Alles Gute! **Tous mes voeux!** [tu mɛ vø]

Viel Glück! **Bonne chance!** [bɔn ʃɑ̃s]

Viel Erfolg! **Bonne chance!** bɔn ʃɑ̃s]

Gute Reise! **Bon voyage!** [bɔ̃ vwaˈjaːʒ]

Gute Besserung!
Bon rétablissement! [bɔ̃ retablisˈmɑ̃]

Frohe Weihnachten! **Joyeux Noël!** [ʒwaˈjø nɔɛl]

Frohe Ostern! **Joyeuses Pâques!** [ʒwaˈjøz paːk]

Gutes neues Jahr! **Bonne Année!** [bɔn‿ane]

Vokabeln

alt	**vieux** [vjø]
Alter	**âge, l'** [aːʒ]
bitte	**s'il vous plaît** [sil vu plɛ]
blau	**bleu** [blø]
danke	**merci** [mɛrˈsi]
Datum	**date, la** [dat]
Frau (Anrede)	**Madame** [maˈdam]
Freund/-in	**ami, l'/amie, l'** [aˈmi/aˈmi]
gelb	**jaune** [ʒon]
gestern	**hier** [jɛr]
grau	**gris** [gri]
groß	**grand** [grɑ̃]

grün	**vert** [vɛːr]
gut	**bon** [bɔ̃]
heute	**aujourd'hui** [oʒurˈdɥi]
ja	**oui** [wi]
Jahr	**année, l'** [ane]
jetzt	**maintenant** [mɛ̃tˈnɑ̃]
kalt	**froid** [frwa]
klein	**petit** [pəˈti]
Mann	**homme, l'** [ɔm]
Monat	**mois, le** [mwa]
morgen	**demain** [dəˈmɛ̃]
nein	**non** [nɔ̃]
rot	**rouge** [ruːʒ]
schlecht	**mauvais** [moˈvɛ]
schön	**beau** [bo]
schwarz	**noir** [nwar]
Tag	**jour, le** [ʒur]
übermorgen	**après-demain** [aprɛˈdəmɛ̃]
Uhrzeit	**heure, l'** [œːr]
verabschieden	**prendre congé** [prɑ̃ˈdr kɔ̃ˈʒe]
viel	**beaucoup** [boˈku]
vorgestern	**avant-hier** [avɑ̃ˈtjɛr]
wann	**quand** [kɑ̃]
warm	**chaud** [ʃo]
warum	**pourquoi** [purˈkwa]
was	**quoi** [kwa]
weiß	**blanc** [blɑ̃]
welche, -er	**laquelle/lequel** [ləˈkɛl/laˈkɛl]
wer	**qui** [ki]
wie	**comment** [kɔˈmɑ̃]
wo	**où** [u]
Woche	**semaine, la** [səˈmɛn]

Höflichkeit und Smalltalk

Nett, Sie/dich kennen zu lernen.
Enchanté(e) de faire votre/ta connaissance [ɑ̃ʃɑ̃ˈte də fɛr votrə/ta kɔnɛˈsɑ̃s]

Wie heißen Sie?
Comment vous appelez-vous? [kɔmɑ̃ vuz‿aˈpelevu]

Wie heißt du? **Comment t'appelles-tu?** [kɔmɑ̃ taˈpɛltʏ]

Was für ein schöner Name. **Quel joli nom!** [kɛl ʒɔli nɔ̃]

Was bedeutet der Name?
Qu'est-ce que ce nom veut dire? [kɛs kə sə nɔ̃ vø dir]

Ich heiße ... **Je m'appelle...** [ʒə maˈpɛl]

Hallo, wie geht es Ihnen?
Bonjour, comment allez-vous? [bɔ̃ˈʒur kɔˈmɑ̃t‿alevu]
... dir? **Salut, comment vas-tu?** [saˈlʏ kɔˈmɑ̃ vatʏ]
... euch? **Salut, ça va?** [saˈlʏ sa va]

Danke, mir/uns geht es gut. **Bien, merci!** [bjɛ̃ mɛrˈsi]

Danke für die Einladung.
Merci pour l'invitation. [mɛrˈsi pur lɛ̃vitaˈsjɔ̃]

Es hat mich sehr gefreut.
Cela m'a fait très plaisir. [səla ma fɛ trɛ plɛˈzir]

Das ist eine gute Idee.
C'est une bonne idée. [sɛt‿ʏn bɔn‿ide]

Sie haben ein wunderschönes Haus.
Votre maison est magnifique. [vɔtrə mɛˈzɔ̃ ɛ maɲi‿fik]

Sie tragen einen schönen Anzug.
Votre costume est très joli. [vɔtrə kɔsˈtʏm ɛ trɛ ʒɔˈli]

Sie tragen ein schönes Kleid.
Votre robe est très jolie. [vɔtrə rɔb e trɛ ʒɔˈli]

Heute hatten wir wirklich sehr schönes Wetter.
Nous avons vraiment eu du très beau temps aujourd'hui.
[nuz‿avɔ̃ vrɛˈmɑ̃ ʏ dʏ trɛ bɔ tɑ̃ oʒurˈdɥi]

Wird es morgen wieder so schön? Was denken Sie/denkst du darüber?
Est-ce qu'il fera aussi beau demain? Qu'en pensez-vous/penses-tu?
[ɛs kil fəra osi bɔ dəˈmɛ̃/kɑ̃ pɑ̃ːsevu/pɑ̃ːstʏ]

Woher stammen Sie/stammst du?
Vous venez/Tu viens d'où? [vu vəne/tʏ vjɛ̃ du]

Ich komme aus ... **Je viens de...** [ʒə vjɛ̃ də]

Wo wohnen Sie/wohnst du?
Vous habitez/Tu habites où? [vuz‿abiˈte/tʏ habit‿u]

Ich wohne in ... **J'habite à/en ...** [ʒˈabit a/ɑ̃]

Machen Sie hier Urlaub?
Vous êtes en vacances ici? [vu ɛt ɑ̃ vaˈkɑ̃s isi]

Sind Sie beruflich hier?
Vous êtes en déplacement professionnel?
[vuz‿ɛt ɑ̃ deplasəˈmɑ̃ prɔfɛsjɔˈnɛl]

Arbeiten Sie auch für die Firma ...
Vous travaillez aussi pour l'entreprise...
[vu traˈvaje ɔsi pur lɑ̃trəpriz]

Nein, ich bin selbstständig.
Non, je suis à mon compte. [nɔ̃ ʒə sɥiz‿a mɔ̃ kɔ̃t]

Nein, ich arbeite für ...
Non, je travaille pour ... [nɔ̃ ʒə traˈvaj pur]

Ich bin Student. **Je suis étudiant.** [ʒə sɥi etʏˈdjɑ̃]

Sind Sie hier zu Besuch?
Vous êtes en visite ici? [vuz‿ɛt ɑ̃ viˈzit isi]

Was machen Sie hier?
Qu'est-ce que vous faites ici? [kɛːs kə vu fɛt‿isi]

Ich mache einen Sprachkurs.
Je suis un cours de langue. [ʒə sɥi ɛ̃ kuːr də lɑ̃g]

Wie lange werden Sie bleiben?
Vous restez combien de temps? [vu rɛsˈte kɔ̃ˈbjɛ̃ də tɑ̃]

Ich bleibe ... Wochen/Tage.
Je reste ... semaines/jours. [ʒə rɛst …səˈmɛn/ʒur]

Waren Sie/Warst du schon einmal hier?
Vous êtes/Tu es déjà venu(e) ici?
[vuz‿ɛt/tʏ ɛ deʒa vəˈnʏ isi]

Gefällt es Ihnen/dir gut hier?
Est-ce que cela vous/te plaît ici? [ɛs kə səla vu/tə plɛ isi]

Sind Sie verheiratet? **Vous êtes marié(e)?** [vuz‿ɛt maˈrje]

Haben Sie Geschwister?
Vous avez des frères et sœurs? [vuz‿ave de frɛr‿e sœr]

Ich habe einen Bruder/eine Schwester.
J'ai un frère/une sœur. [ʒe ɛ̃ frɛr/ʏn sœr]

Ich bin Einzelkind.
Je suis fille/fils unique. [ʒə sɥi fij/fis ʏnik]

Haben Sie Kinder?
Vous avez des enfants? [vuz‿ave dɛ ɑ̃ˈfɑ̃]

Wie alt sind Ihre Kinder?
Quel âge ont vos enfants? [kɛl‿aʒ ɔ̃ voz‿ɑ̃ˈfɑ̃]

Meine Kinder gehen schon in die Schule.
Mes enfants vont déjà à l'école.
[mɛz‿ɑ̃ˈfɑ̃ vɔ̃ deʒa a leˈkɔl]

Wie geht es Ihrer/deiner Familie?
Comment va votre/ta famille?
[kɔˈmɑ̃ va vɔtrə/ta faˈmiːj]

Danke, meiner Familie geht es gut.
Ma famille va bien, merci.
[ma faˈmiːj va bjɛ̃ mɛrˈsi]

Mein Mann wird nächste Woche nachkommen.
Er musste noch länger arbeiten.
Mon mari arrive la semaine prochaine.
Il a dû travailler plus longtemps.
[mɔ̃ mari ariv la səˈmɛn prɔˈʃɛn
il a dʏ traˈvaje plʏ lɔ̃ˈtɑ̃]

Kennen Sie Herrn/Frau ...?
Vous connaissez monsieur/madame... ?
[vu kɔneˈse məˈsjø/madam]

Nein, ich habe ihn/sie noch nicht kennen gelernt.
Non, je n'ai pas encore fait sa connaissance.
[nɔ̃ ʒə nɛ paz‿ɑ̃kɔr fɛ sa kɔnɛˈsɑ̃ːs]

Ja, ich kenne ihn/sie.
Oui, je le/la connais. [wi ʒə lə/la kɔˈnɛ]

Ja, ich habe ihn/sie gestern kennen gelernt.
Oui, j'ai fait sa connaissance hier.
[wi ʒɛ fɛ sa kɔnɛˈsɑ̃s jɛr]

Haben Sie/Hast du ... schon gesehen?
Vous avez/tu as déjà vu ...?
[vuz‿ave/tʏ a deʒa vʏ]

Wohnen Sie/Wohnst du auch im Hotel ...?
Vous êtes/Tu es aussi descendu(e) à l'hôtel ...?
[vuz‿ɛt/tʏ e osi dɛsɑ̃ˈdʏ a lotɛl]

Wollen wir etwas trinken gehen?
Et si nous allions boire un verre? [e si nuz‿aljɔ̃ bwar ɛ̃ vɛr]

Ich bedauere, ich habe keine Zeit.
Je regrette, je n'ai pas le temps. [ʒə rəgrɛt ʒə nɛ pa lə tɑ̃]
... ich bin schon verabredet.
...j'ai déjà un rendez-vous. [ʒɛ deʒa ɛ̃ rɑ̃deˈvu]

Wie wäre es morgen? **Et demain?** [e dəˈmɛ̃]

Es war ein schöner Abend.
J'ai passé une bonne soirée. [ʒɛ pase ʏn bɔn sware]

Ja, das finde ich auch! **Oui, moi aussi!** [wi mwa osi]

Wir haben uns/Ich habe mich sehr wohl gefühlt.
C'était très agréable pour nous/moi.
[setɛ trɛz‿agreˈabl pur nu/mwa]

Ich würde mich freuen, wenn wir in Kontakt bleiben.
Cela me ferait plaisir si nous pouvions rester en contact.
[sela mə ferɛ plɛˈzir si nu puvjɔ̃ rɛste ɑ̃ kɔ̃ˈtakt]

Wir möchten am Sonntag in die Kirche gehen.
Nous aimerions aller à l'église dimanche.
[nuz‿ɛmərjɔ̃ ale a leˈgliːz diˈmɑ̃ːʃ]

In welcher Kirche findet ein katholischer/evangelischer Gottesdienst statt?
Dans quelle église a lieu un office catholique/protestant?
[dɑ̃ kɛl eˈgliːz a ljœ ɛ̃ ɔfis katɔˈlik/prɔtɛsˈtɑ̃]

Wann beginnt der Gottesdienst?
À quelle heure commence l'office? [a kɛl œr komɑ̃s lɔfis]

Vokabeln

Adresse	**adresse, l'** [aˈdrɛs]
ankommen	**arriver** [aˈrive]
Arbeit	**travail, le** [traˈvaj]
bedanken	**remercier** [rəmɛrˈsie]
Begegnung	**rencontre, la** [rɑ̃ˈkɔ̃tr]
Beruf	**profession, la** [prɔfeˈsjɔ̃]
besuchen	**visiter** [viziˈte]
Bruder	**frère, le** [frɛr]
Campingplatz	**terrain de camping, le** [tɛrɛ̃ də kɑ̃ˈpiŋ]
Deutschland	**Allemagne, l'** [alˈmaɲ]
Einladung	**invitation, l'** [ɛ̃vitaˈsjɔ̃]
einverstanden	**d'accord** [dakɔr]
Eltern	**parents, les** [parˈɑ̃]
erholen	**se reposer** [sə rəpoˈze]
essen	**manger** [mɑ̃ˈʒe]
Familie	**famille, la** [faˈmiːj]
Ferien	**vacances, les** [vaˈkɑ̃ːs]
fremd	**étranger** [etrɑ̃ˈʒe]
Freude	**joie, la** [ʒwa]
freundlich	**aimable** [ɛˈmaːbl]
Haus	**maison, la** [mɛˈzɔ̃]
Hotel	**hôtel, l'** [oˈtɛl]
interessant	**intéressant** [ɛ̃terɛˈsɑ̃]
kennen lernen	**faire la connaissance** [fɛr la kɔnɛˈsɑ̃s]
Kind	**enfant, l'** [ɑ̃ˈfɑ̃]
Land	**pays, le** [pɛi]
Lebensgefährte	**compagnon, le** [kɔ̃paˈɲɔ̃]
Lebensgefährtin	**compagne, la** [kɔ̃ˈpaɲ]

Leute	**gens, les** [ʒɑ̃]
Meer	**mer, la** [mer]
Mutter	**mère, la** [mɛr]
natürlich	**bien sûr** [bjɛ̃ sʏr]
Österreich	**Autriche, l'** [oˈtriʃ]
rauchen	**fumer** [fʏˈme]
Reise	**voyage, le** [vwaˈjaːʒ]
Rundreise	**tour, le** [tur]
Schweiz	**Suisse, la** [swis]
Schwester	**sœur, la** [sœr]
Schwiegermutter	**belle-mère, la** [bɛlˈmɛr]
Schwiegersohn	**gendre, le** [ʒɑ̃ːdr]
Schwiegertochter	**belle-fille, la** [bɛlˈfiːj]
Schwiegervater	**beau-père, le** [boˈpɛr]
Sehenswürdigkeiten	**curiosité, la/monument, le** [kʏrjoziˈte/monʏˈmɑ̃]
Sohn	**fils, le** [fis]
Spaß	**amusement, l'** [amʏzˈmɑ̃]
Sprache	**langue, la** [lɑ̃g]
sprechen	**parler** [parˈle]
Stadt	**ville, la** [viːl]
Strand	**plage, la** [plaːʒ]
Tochter	**fille, la** [fiːj]
Tourist	**touriste, le/la** [tuˈrist]
treffen	**rencontrer** [rɑ̃ˈkɔ̃trə]
trinken	**boire** [bwaːr]
Urlaub	**vacances, les** vaˈkɑ̃s
Vater	**père, le** [pɛːr]
verheiratet	**marié(e)** [maˈrje]
Verwandte	**parents, les** [paˈrɑ̃]
Wasser	**eau, l'** [o]
Zigaretten	**cigarettes, les** [sigaˈrɛt]

Beschwerden und Meinungsverschiedenheiten

Ich möchte mich beschweren.
Je viens me plaindre. [ʒə vjɛ̃ mə ˈplɛ̃dr]

Ich möchte die Reiseleitung sprechen.
Je voudrais parler au guide. [ʒə vuˈdrɛ parˈle o gid]

An wen muss ich mich wenden?
À qui dois-je m'adresser? [a ki dwaʒ madreˈse]

Die Klimaanlage funktioniert nicht richtig.
La climatisation ne fonctionne pas.
[la klimatizaˈsjɔ̃ nə fɔ̃ksjɔn pa]

Der Fernseher geht nicht an.
La télé ne s'allume pas. [la tele nə saˈlyːm pa]

Ich glaube, das Telefon geht nicht.
Je crois que le téléphone ne marche pas.
[ʒə krwa kə lə teleˈfɔn nə marʃ pa]

Der Wasserhahn tropft. **Le robinet coule.** [lə rɔbiˈne kul]

Wir haben kein warmes Wasser auf dem Zimmer.
Nous n'avons pas d'eau chaude dans notre chambre.
[nu navɔ̃ pa do ʃoːd dɑ̃ nɔtrə ʃɑ̃ˈbr]

Das Zimmer ist zu laut. Wir können nachts nicht schlafen.
Cette chambre est trop bruyante. Nous ne pouvons pas fermer l'œil de la nuit.
[sɛt ʃɑ̃ˈbr e trɔ brʏɑ̃t nu nə puvɔ̃ pa fɛrˈme lœj də la nɥi]

Könnten Sie den Fernseher/das Radio etwas leiser machen?
Pourriez-vous baisser votre télévision/votre radio?
[purievu bese vɔtrə televiˈzjɔ̃/vɔtrə radjɔ]

Ich möchte ein anderes Zimmer haben.
Je voudrais avoir une autre chambre.
[ʒə vudrɛ avwar yn ˈotrə ʃɑ̃brə]

So geht es nicht. **Ça ne va pas du tout.** [sa nə va pa dy tu]

Ich bestehe darauf, dass ...
Je tiens absolument à ce que ... [ʒə tjɛ̃ apsɔlymɑ̃ a sə kə]

Dafür erwarte ich Schadenersatz.
J'attends pour cela des dommages et intérêts.
[ʒatɑ̃ pur səla de domaʒ e ɛ̃terɛ]

Das haben wir so nicht vereinbart.
Ce n'est pas ce que nous avions conclu.
[sə nɛ pa sə kə nuz‿avjɔ̃ kɔ̃ˈkly]

Das sehe ich nicht so/anders.
Je ne vois pas ça comme ça. [ʒə nə vwa pa sa kɔm sa]

Damit bin ich nicht einverstanden.
Je ne suis pas d'accord. [ʒə nə swi pa daˈkɔr]

Das ist eine Unverschämtheit. **C'est une honte!** [sɛt‿ynə ɔ̃t]

Die Schuldfrage muss noch geklärt werden.
La question de la responsabilité doit encore être éclaircie.
[la kɛsˈtjɔ̃ də la rɛspɔ̃sabiliˈte dwa ɑ̃ˈkɔr ɛtr eklɛrˈsiː]

Es wäre gut, wenn wir uns einigen.
Il faudrait arriver à nous mettre d'accord.
[il fodrɛ ariˈve a nu mɛtr dakɔr]

Das ist mir aber unangenehm.
Cela ne me plaît pas. [səla nə mə plɛ pa]

Das war sicherlich ein Missverständnis.
Il s'agit certainement d'un malentendu.
[il saʒi sɛrtɛnəmɑ̃ dɛ̃ malɑ̃tɑ̃ˈdy]

Vokabeln

ablehnen	**refuser** [rəfʏˈze]
abreisen	**partir** [parˈtiːr]
Bauarbeiten	**travaux, les** [traˈvɔ]
Baustelle	**chantier, le** [ʃɑ̃ˈtje]
Beleidigung	**offense, l'** [ɔˈfɑ̃s]
beschädigt	**abîmé** [abiˈme]
defekt	**défectueux** [defɛkˈtɥø]
Einigung	**accord, l'** [aˈkɔr]
entschuldigen	**excuser** [eksˈkʏze]
Geschäftsführer	**directeur, le** [dirɛkˈtœr]
Hotelchef	**directeur de l'hôtel, le** [dirɛkˈtœr də loˈtɛl]
laut	**bruyant** [brɥjɑ̃]
Missverständnis	**malentendu, le** [malɑ̃tɑ̃ˈdʏ]
Qualität	**qualité, la** [kaliˈte]
Schaden	**dégât, le** [dega]
schlecht	**mauvais** [moˈvɛ]
schmutzig	**sale** [sal]
Schuld	**faute, la** [foːt]
unfreundlich	**désagréable** [dezagreˈabl]
unnachgiebig	**inflexible** [ɛ̃flɛkˈsibl]
Unverschämtheit	**insolence, l'** [ɛ̃sɔˈlɑ̃s]
Vorgesetzter	**supérieur, le** [sʏpeˈrjœːr]
Zimmermädchen	**femme de chambre, la** [fɑm də ˈʃɑ̃brə]
Zimmerservice	**service d'étage, le** [sɛrˈvis deˈtaʒ]

Telefonieren

Wo ist das nächste Telefon?
Où est le téléphone le plus proche?
[u ɛ lə teleˈfon lə plʏ prɔʃ]

Kann ich hier telefonieren?
Est-ce que je peux téléphoner d'ici?
[ɛs kə ʒə pø teleˈfɔne disi]

Wo kann ich eine Telefonkarte kaufen?
Où est-ce que je peux acheter une carte de téléphone?
[u ɛs kə ʒə pø aʃte ʏn kart də telefɔn]

Entschuldigung, ich bräuchte Münzen zum Telefonieren.
Excusez-moi, j'ai besoin de pièces pour téléphoner.
[eksˈkʏzemwa ʒɛ bəzwɛ̃ də pjɛs pur teleˈfɔne]

Wie ist deine/Ihre Nummer?
C'est quoi, ton/votre numéro?
[sɛ kwa tɔ̃/votrə nʏmɛˈro]

Meine Nummer lautet ...
Mon numéro, c'est le ... [mɔ̃ nʏmɛˈro sɛ lə]

Können Sie mir bitte die Nummer von ... geben?
Vous pourriez me donner le numéro de ...?
[vu purje mə dɔne lə nʏmɛˈro də]

Wie ist die Vorwahl nach ...?
Quel est l'indicatif pour ...? [kɛl e lɛ̃dikaˈtif puːr]

Ich müsste dringend telefonieren.
Je dois téléphoner de toute urgence.
[ʒə dwa teleˈfɔne də tut ʏrˈʒɑ̃s]

Mit wem spreche ich? **Qui est à l'appareil?** [ki e a lapaˈrɛjː]

Entschuldigung, ich habe mich verwählt.
Excusez-moi, je me suis trompé(e) de numéro.
[ɛksˈkyzemwa ʒə mə swi trɔ̃pe də nymɛˈro]

Ich möchte bitte mit Herrn/Frau ... sprechen.
Je voudrais parler à Monsieur/Madame ...
[ʒə vudrɛ parle a məˈsjø/madam]

Am Apparat. **Lui/Elle-même.** [lɥi/ɛlmɛm]

Einen Moment, ich verbinde.
Un instant, je vous le/la passe. [ɛ̃ ɛ̃stɑ̃ ʒə vu lə/la pas]

Er/Sie ist im Moment nicht da. Kann ich etwas ausrichten?
Il/Elle n'est pas là pour le moment. Je peux lui laisser un message?
[il/ɛl nɛ pa la pur lə mɔmɑ̃ ʒə pø lɥi lese ɛ̃ mesaʒ]

Ich rufe später noch einmal an.
Je rappellerai plus tard. [ʒə rapɛlrɛ ply taːr]

Hallo, hier spricht ... Was kann ich für Sie tun?
Bonjour, ... à l'appareil. [bɔ̃ˈʒur … a lapaˈrɛj]

Haben Sie gestern schon einmal angerufen?
Vous aviez déjà appelé hier? [vuz‿avje deʒa aple jɛːr]

Auf Wiederhören. **Au revoir.** [ɔrəvwar]

Ich hätte gerne ein R-Gespräch nach ... angemeldet.
Je voudrais téléphoner en PCV en ...
[ʒə vudrɛ teleˈfone ɑ̃ pçʋ ɑ̃]

Wo kann ich hier eine E-Mail versenden/ ein Fax empfangen?
D'où est-ce que je peux envoyer un mail/ pourrais recevoir un fax?
[du ɛs kə ʒə pø ɑ̃vwaje ɛ̃ mel/purɛ rəˈsəvwar ɛ̃ faks]

Vokabeln

abnehmen	**décrocher** [dekroˈʃe]
Anruf	**appel, l'** [apɛl]
Anrufbeantworter	**répondeur automatique, le** [repɔ̃ˈdœr otomaˈtik]
anrufen	**appeler** [aˈple]
Auskunft	**renseignement, le** [rɑ̃sɛɲˈmɑ̃]
Auslandsgespräch	**communication avec l'étranger, la** [komʏnikaˈsjɔ̃ avɛk letrɑ̃ˈʒe]
besetzt	**occupé** [ɔkʏpe]
buchstabieren	**épeler** [eˈple]
Durchwahl	**ligne directe, la** [liɲj direkt]
Ferngespräch	**communication hors circonscription, la** [komʏnikaˈsjɔ̃ ɔr sirkɔ̃skripˈsjɔ̃]
Funkloch	**zone d'ombre, la** [zon dɔ̃br]
Gebühren	**tarif, le** [tarif]
Gespräch	**communication, la** [komʏnikaˈsjɔ̃]
Handy	**portable, le** [pɔrtablə]
Kartentelefon	**téléphone à carte, le** [telefɔn‿a kart]
Leitung	**ligne, la** [liɲj]
Münztelefon	**téléphone à pièces, le** [teleˈfɔn a piɛs]
Ortsgespräch	**communication locale, la** [kɔmʏnikaˈsjɔ̃ lokal]
R-Gespräch	**communication en PCV, la** [kɔmʏnikaˈsjɔ̃ ɑ̃ pçʊ]
Telefonbuch	**annuaire, l'** [aˈnɥɛr]
Telefongespräch	**conversation téléphonique, la** [kɔ̃vɛrsaˈsjɔ̃ teleˈfɔnik]
Telefonhörer	**écouteur, l'** [ekuˈtœr]

Telefonkarte	**carte de téléphone, la** [kart də teleˈfɔn]
Telefonnummer	**numéro de téléphone, le** [nʏmeˈro də teleˈfɔn]
Telefonzelle	**cabine téléphonique, la** [kabin teleˈfonik]
verbinden	**passer** [pase]
Vorwahl	**indicatif, l'** [ɛ̃dikaˈtif]
wählen	**faire un numéro** [fɛːr ɛ̃ nʏmeˈro]
wiederholen	**recommencer** [rəkɔmɑ̃ˈse]
zurückrufen	**rappeler** [rapˈle]

Kleine Flirtschule

Anbändeln

Kannst du mir bitte Feuer geben?
Tu peux me donner du feu, s'il te plaît?
[tʏ pø mə dɔne dʏ fø ʃil tə plɛ]

Willst du dich nicht zu uns/mir setzen?
Tu ne veux pas t'asseoir avec nous/avec moi?
[tʏ nə vø pa taswar avɛk nu/avɛk mwa]

Darf ich mich zu dir setzen?
Est-ce que je peux m'asseoir? [ɛskə ʒə pø maswaːr]

Wie heißt du?
Comment tu t'appelles? [kɔˈmɑ̃ tʏ tapɛːl]

Wollen wir etwas zusammen trinken?
Nous pourrions aller boire un verre ensemble?
[nu purjɔ̃ ale bwar ɛ̃ vɛr ɑ̃sɑ̃bl]

Was trinkst du da?
Qu'est-ce que tu es en train de boire?
[kɛs kə tʏ ɛ ɑ̃ trɛ̃ də bwar]

Willst du tanzen? **Tu veux danser?** [tʏ vø dɑ̃se]

Bist du alleine hier? **Tu es seul(e) ici?** [tʏ e sәl isi]

Hast du einen Freund/eine Freundin?
Tu as un petit ami/une petite amie?
[tʏ a ɛ̃ pətit‿ami/ʏn pətit‿ami]

Bist du verheiratet? **Tu es marié(e)?** [tʏ ɛ ma‿rje]

Du hast ein nettes Lächeln.
Tu as un joli sourire. [tʏ as ɛ̃ ʒɔli suˈriːr]

Du hast schöne Augen/Beine.
Tu as de jolis yeux/jolies jambes.
[tʏ a də ʒɔliz‿jø/ʒɔli ʒɑ̃b]

Danke, das hast du sehr nett gesagt.
Merci, c'est gentil. [mɛrsi sɛ ʒɑ̃ti]

Wollen wir spazieren gehen?
On va se promener? [ɔ̃ va sə prɔmˈne]

Lass uns austrinken und gehen.
Viens, on finit nos verres et on s'en va.
[vjɛ̃ ɔ̃ fini no vɛr e ɔ̃ sɑ̃ va]

Soll/Kann ich dich nach Hause bringen?
Je peux te raccompagner? Je voudrais te raccompagner.
[ʒə pø tə rakɔ̃paˈɲe/ʒə vudrɛ tə rakɔ̃paˈɲe]

Gehen wir zu dir oder zu mir?
On va chez toi ou chez moi? [ɔ̃ va ʃe twa u ʃe mwa]

Wollen wir uns morgen treffen?
On se voit demain? [ɔ̃ sə vwa dəˈmɛ̃]

Ich finde dich sehr nett.
Je te trouve très sympa. [ʒə tə truv trɛ sɛ̃pa]

Ich mag dich. **Je t'aime bien.** [ʒə tɛm bjɛ̃]

Ich liebe dich. **Je t'aime.** [ʒə tɛm]

Ich habe mich in dich verliebt.
Je suis tombé(e) amoureux(se) de toi.
[ʒə swi tɔ̃ˈbe amuˈrø/øz də twa]

Abfuhr

Du nervst. **Tu m'agaces.** [tʏ maˈgas]

Mir geht es heute nicht so gut.
Je ne me sens pas très bien aujourd'hui.
[ʒə nə mə sɑ̃ pa tre bjɛ̃ oʒurdɥi]

Ich will heute nicht ausgehen.
Je ne veux pas sortir aujourd'hui.
[ʒə nə vø pa sɔrtiːr oʒurdɥi]

Das interessiert mich nicht.
Cela ne m'intéresse pas. [sela nə mɛ̃terɛs pa]

Ich finde dich langweilig.
Je te trouve ennuyeux(se). [ʒə tə truv ɑ̃nɥjø/øz]

Lass mich bitte in Ruhe.
Laisse-moi tranquille, s'il-te plaît.
[lɛsmwa trɑ̃kil sil tə plɛ]

Das geht mir zu schnell. Lass mir bitte Zeit.
Tout va trop vite pour moi. Donne-moi un peu de temps, s'il te plaît? .
[tu va trɔ vit pur mwa dɔnmwa ɛ̃ pø də tɑ̃ ʃil tə plɛ]

Vokabeln

abholen	**passer chercher** [pase ʃɛrʃe]
Einladung	**invitation, l'** [ɛ̃vitasjɔ̃]
Händchen halten	**tenir la main** [tənir la mɛ̃]
hübsch	**joli(e)** [ʒɔli]
Kompliment	**compliment, le** [kɔ̃pliˈmɑ̃]
küssen	**embrasser** [ɑ̃braˈse]
Lächeln	**sourire, le** [suˈriːr]
Liebe	**amour, l'** [aˈmuːr]
lieben	**aimer** [eme]
Sonnenaufgang	**lever de soleil, le** [ləˈve də soˈlɛːj]
Sonnenuntergang	**coucher de soleil, le** [kuˈʃe də soˈlɛːj]
Strand	**plage, la** [plaːʒ]
verliebt	**amoureux(se)** [amuˈrø/øz]
verlobt	**fiancé(e)** [fjɑ̃ˈse]
verheiratet	**marié(e)** [marje]
wiedersehen	**revoir** rəˈvwar]
zärtlich	**tendre** [tɑ̃ndr]

An der Grenze

Wann sind wir an der Grenze?
Quand serons-nous à la frontière? [kɑ̃ sərɔ̃ nu a la frɔ̃tjɛr]

Wie lange muss ich noch warten?
Je dois attendre encore combien de temps?
[ʒə dwa atɑ̃dr ɑ̃kɔr kɔ̃bjɛ̃ də tɑ̃]

Fahren Sie bitte rechts/links heran.
Veuillez vous garer à droite/à gauche s'il vous plaît
[vøje vu gare a drwat/a goʃ sil vu plɛ]

Fahren Sie weiter. **Circulez.** [sirkule]

Kann ich bitte Ihren Ausweis sehen?
Je peux voir votre carte d'identité s'il vous plaît?
[ʒə pø vwar vɔtr kart didɑ̃tite sil vu plɛ]

Haben Sie ein Visum? **Vous avez un visa?** [vuz‿ave ɛ̃ viza]

Ihr Ausweis ist abgelaufen!
Votre carte d'identité est périmée!
[vɔtr kart didɑ̃tite ɛ perime]

Was haben Sie in Ihren Koffern/in Ihrem Kofferraum?
Qu'est-ce que vous avez dans vos valises/votre coffre?
[kɛs kə vuz‿ave dɑ̃ vo valiz/vɔtr kɔfr]

Bitte öffnen Sie den Kofferraum.
Ouvrez le coffre, s'il vous plaît. [uvre lə kɔfr sil vu plɛ]
... den Koffer. **...la valise, s'il vous plaît** [la valiz sil vu plɛ]
... die Tasche. **...le sac, s'il vous plaît** [lə sak sil vu plɛ]

Haben Sie etwas zu verzollen?
Vous avez quelque chose à déclarer?
[vuz‿ave kɛlkə ʃoz a deklare]

Ich habe nichts zu verzollen.
Je n'ai rien à déclarer. [ʒə nɛ rjɛ̃‿a deklare]

Muss ich das verzollen? **C'est à déclarer?** [sɛt‿a deklare]

Wie viel Zoll muss ich bezahlen?
Je dois payer combien de droits de douane?
[ʒə dwa pɛje kɔ̃bjɛ̃ də drwa də dwan]

Sind das Ihre Kinder? **Ce sont vos enfants?** [sə sɔ̃ voz‿ ɑ̃fɑ̃]

Was ist das Ziel/der Grund Ihrer Reise?
Le but/la raison de votre voyage?
[lə byt/la rɛzɔ̃ də vɔtr vwajaːʒ]

Wir sind Touristen.
Nous faisons du tourisme. [nu fɛzɔ̃ dʏ turism]

Ich gehöre zur Reisegruppe aus ...
Je fais partie du voyage organisé de ...
[ʒə fɛ parti dʏ vwajaːʒ organize də]

Ich fahre/Wir fahren nach ...
Je vais/nous allons à/au ... [ʒə vɛ/nuz‿ alɔ̃ a/o]

Ich bin auf Geschäftsreise.
Je suis en voyage d'affaires. [ʒə sɥiz‿ɑ̃ vwajaːʒ dafɛːr]

Hier ist der Impfpass für den Hund/die Katze.
Voilà le carnet de vaccination du chien/du chat.
[vwala lə karnɛ də vaksinatjɔ̃ dʏ ʃjɛ̃/dʏ ʃa]

Vokabeln

ausfüllen	**remplir** [rɑ̃plir]
ausreisen	**sortir du pays** [sɔrtir dʏ pei]
Ausweis	**carte d'identité, la** [kart didɑ̃tite]
Devisen	**devises, les** [dəviz]
einreisen	**entrer dans le pays** [ɑ̃tre dɑ̃ lə pei]
EU-Bürger	**citoyen européen, le** [sitwajɛ̃ ørɔpẽɛ]
Fahrzeugpapiere	**papiers de la voiture, les** [papje də la vwatʏːr]
Familienname	**nom de famille, le** [nɔ̃ də famij]
Führerschein	**permis de conduire, le** [pɛrmi də kɔ̃dɥir]
Geburtsdatum	**date de naissance, la** [dat də nɛsɑ̃ːs]

Gesundheits-zeugnis	**certificat de santé, le** [sɛrtifika də sɑ̃te]
Grenze	**frontière, la** [frɔ̃tjɛːr]
gültig	**valable** [valabl]
Hase	**lapin, le** [lapɛ̃]
Haustier	**animal domestique, l'** [animal domɛstik]
Hund	**chien, le** [ʃjɛ̃]
Impfpass	**carnet de vaccinations, le** [karnɛ də vaksinatjɔ̃]
Katze	**chat, le** [ʃa]
Nummer	**numéro, le** [nʏmero]
Nummernschild	**plaque d'immatriculation, la** [plak dimatrikʏlasjɔ̃]
Pass	**passeport, le** [paspɔr]
Passkontrolle	**contrôle des passeports, le** [kɔ̃trol dɛ paspɔr]
Personalien	**papiers d'identité, les** [papje didɑ̃tite]
Schnaps	**schnaps** [ʃnaps]
Spirituosen	**spiritueux, le** [spiritɥø]
Staats-angehörigkeit	**nationalité, la** [nasjonalite]
ungültig	**périmé** [perime]
unterschreiben	**signer** [siɲe]
verlängern	**prolonger** [prolɔ̃ʒe]
Visum	**visa, le** [viza]
Vogel	**oiseau, l'** [wazo]
Vorname	**prénom, le** [prenɔ̃]
Wein	**vin, le** [vɛ̃]
woher	**d'où** [du]
Zigaretten	**cigarettes, les** [sigarɛt]
Zoll	**douane, la** [dwan]

Verkehrsmittel

Im Auto

Wie komme ich nach ...?
Pour aller à ... s'il vous plaît? [pur ale a … sil vu plɛ]

Ist es noch weit bis ...?
C'est encore loin jusqu'à ...? [sɛt‿ɑ̃kor lwɛ̃ jʏska]

Führt diese Straße nach ...?
C'est la route qui va à ...? [sɛ la rut ki va a]

Wie komme ich zur Autobahn nach ...?
Comment rejoindre l'autoroute de ...?
[kɔmɑ̃ rəʒwɛ̃dr lotorut də]

Gibt es noch eine bessere Straße nach ...?
Il existe une meilleure route pour aller à ...?
[il ɛgzist ʏn mɛjœr rut puːr ale a]

Wie viele Kilometer sind es noch bis ...?
Il y a encore combien de kilomètres jusqu'à ...?
[il ija ɑ̃kor kɔ̃bjɛ̃ də kilomɛtr ʒʏska]

Das ist die falsche Straße.
C'est la mauvaise route. [sɛ la movɛz rut]

Sie müssen in die andere Richtung fahren.
Vous devez prendre l'autre direction.
[vu dəve prɑ̃dr lotr dirɛksjɔ̃]

Können Sie mir bitte auf dieser Karte zeigen, wo wir genau sind?
Vous pouvez me montrer sur cette carte où nous sommes exactement?
[vu puve mə mɔ̃tre sʏr set kart u nu sɔm egzaktəmɑ̃]

Ist der Pass geöffnet?
Est-ce que le col est ouvert? [ɛskə lə kɔl e uvɛr]

Brauche ich Winterreifen/Schneeketten?
Est-ce que j'ai besoin de pneus neige/chaînes?
[ɛskə ʒɛ bəzwɛ̃ də pnø nɛʒ/sɛn]

Wo kann ich hier parken?
Où est-ce que je peux me garer? [u ɛskə ʒə pø mə gare]

Wo gibt es hier einen bewachten Parkplatz?
Est-ce qu'il y a un parking gardé?
[ɛskil ija ɛ̃ parkiŋ garde]

Panne

Ich habe eine Panne. **Je suis en panne.** [ʒə sɥiz‿ɑ̃ pan]

Wo ist die nächste Werkstatt?
Où est le prochain garage? [u ɛ lə proʃɛ̃ garaʒ]

Mein Auto springt nicht an.
Ma voiture ne démarre pas. [ma vwatʏːr nə demar pa]

Können Sie mein Auto am Hotel abholen?
Vous pouvez aller prendre ma voiture à l'hôtel?
[vu puve ale prɑ̃dr ma vwatʏːr a lotɛl]

Können Sie mich abschleppen?
Vous pouvez me remorquer? [vu puve mə rəmɔrke]

Die Batterie ist leer.
La batterie est à plat. [la batri ɛt‿a pla]

Können Sie mich zur nächsten Tankstelle mitnehmen?
Vous pourriez m'emmener jusqu'à la prochaine station-service?
[vu purje mɛ̃məne jʏska la prɔʃɛn stasjɔ̃‿sɛrvis]

Könnten Sie mir mit Benzin aushelfen?
Vous pourriez me dépanner avec de l'essence?
[vu purje mə depane avɛk də lɛsɑ̃s]

Ich habe eine Reifenpanne.
J'ai un pneu crevé. [ʒɛ ɛ̃ pnø krəve]

Könnten Sie mir beim Reifenwechsel helfen?
Vous pourriez m'aider à changer le pneu s'il vous plaît?
[vu purje mede a ʃɑ̃ʒe lə pnø sil vu plɛ]

Können Sie mir bitte Starthilfe geben?
Vous pourriez m'aider à démarrer s'il vous plaît?
[vu purje mede a demare sil vu plɛ]

Haben Sie ein Starthilfekabel?
Vous avez un câble de démarrage?
[vu ave ɛ̃ kɑbl də demaraːʒ]

Mit dem Motor stimmt etwas nicht.
Le moteur a un problème. [lə motœr a ɛ̃ problɛm]

Ich glaube, die Stoßdämpfer meines Auto sind defekt.
Je crois que les pare-chocs de ma voiture sont abîmés.
[ʒə krwa kə lɛ parʃɔk də ma vwatʏːr sɔ̃ abime]

Mein Auto verliert Öl.
Ma voiture perd de l'huile. [ma vwatʏːr pɛr də lɥil]

Die Bremsen funktionieren nicht.
Les freins ne fonctionnent pas. [le frɛ̃ nə fɑ̃ksjɔn pa]

Machen Sie bitte nur die nötigsten Reparaturen.
Ne faites que les réparations nécessaires, s'il vous plaît.
[nə fɛt kə lɛ reparasjɔ̃ nesesɛr sil vu plɛ]

Was würde die Reparatur kosten?
La réparation coûtera combien?
[la reparasjɔ̃ kutra kɔ̃bjɛ̃]

Wie lange dauert die Reparatur?
La réparation durera combien de temps?
[la reparasjɔ̃ dʏrəra kɔ̃bjɛ̃ də tɑ̃]

Wo kann ich Ersatzreifen bekommen?
Où est-ce que je peux trouver un pneu de rechange?
[u ɛs kə jə pø truve ɛ̃ pnø də rəʃɑ̃:ʒ]

Unfall

Wir hatten einen Unfall.
Nous avons eu un accident. [nuz‿avɔ̃ u ɛ̃ aksidɑ̃]

Bitte helfen Sie mir!
Aidez-moi s'il vous plaît! [ede mwa sil vu plɛ]

Rufen Sie bitte schnell einen Krankenwagen!
Appelez vite une ambulance s'il vous plaît!
[aple vit ʏn ɑ̃bʏlɑ̃s sil vu plɛ]
... die Feuerwehr! ... **les pompiers!** [le pɔ̃pje]
... die Polizei! ... **la police!** [la polis]

Könnte ich bei Ihnen telefonieren?
Est-ce que je pourrais téléphoner de chez vous?
[ɛskə ʒə purɛ telefone də ʃe vu]

Haben Sie Verbandszeug?
Vous avez des pansements? [vuz‿ave de pɑ̃smɑ̃]

Sind Sie verletzt? **Vous êtes blessé?** [vuz‿ɛt blese]

Es ist niemand verletzt.
Personne n'est blessé. [pɛrsɔn nɛ blese]

Es gibt Verletzte. **Il y a des blessés.** [il ija de blese]

Es ist nur ein Blechschaden.
Que de la tôle froissée. [kə də la tol frwase]

Sie sind zu schnell gefahren.
Vous rouliez trop vite. [vu rulie tro vit]

Sie sind zu nah aufgefahren.
Vous suiviez de trop près. [vu sɥivje də tro prɛ]

Ich hatte Vorfahrt. **J'avais la priorité.** [ʒavɛ la prijɔrite]

Bitte schreiben Sie mir Ihren Namen und Ihre Adresse auf.
Vous pourriez m'écrire vos nom et adresse s'il vous plaît?
[vu purje mekrir vo nɔ̃ e adrɛs sil vu plɛ]

Hier haben Sie meinen Namen und meine Adresse.
Voilà, vous avez mon nom et mon adresse.
[wala vu ave mɔ̃ nɔ̃ e mɔ̃ adrɛs]

Meine Versicherung wird den Schaden bezahlen.
Mon assurance paiera les dégâts.
[mɔ̃n‿asʏrɑ̃ns pɛra le dega]

Es war (nicht) meine Schuld.
Ce n'est pas de ma faute/C'est de ma faute.
[sə ne pa də ma fot/sɛ də ma fot]

Würden Sie eine Zeugenaussage machen?
Vous pourriez servir de témoin?
[vu purje sɛrvir də temwɛ̃]

Autovermietung

Wo kann ich hier ein Auto mieten?
Où est-ce que je peux louer une voiture ici?
[u ɛskə ʒə pø lwe ʏn vwatʏːr isi]

Ich möchte ein/dieses Auto mieten.
Je voudrais louer une/cette voiture.
[ʒə vudrɛ lwe ʏn/sɛt vwatʏːr]

Wie viel kostet es pro Tag/pro Woche?
La location coûte combien par jour/par semaine?
[la lɔkasjɔ̃ kut kɔ̃bjɛ̃ par ʒuːr/par səmɛn]

Wie hoch ist die Kaution?
Quel est le montant de la caution?
[kɛl ɛ lə mɔ̃tɑ̃ də la kosjɔ̃]

Haben Sie ein größeres/kleineres Auto?
Vous avez une voiture plus grande/plus petite?
[vuz‿ave yn vwatyːr ply grɑ̃d/ply pətit]

Wie viele Freikilometer habe ich?
Le kilométrage est illimité?
[lə kilometraʒ ɛ ilimite]

Ist das Auto Vollkasko versichert?
La voiture est assurée tous risques?
[la vwatyːr ɛ asyre tu risk]

Wie hoch ist die Selbstbeteiligung?
La franchise est de combien?
[la frɑ̃siz ɛ də kɔ̃bjɛ̃]

Um welche Uhrzeit muss ich das Auto zurückgeben?
Je dois rendre la voiture à quelle heure?
[ʒə dwa rɑ̃dr la vwatyːr a kɛl œːr]

Was muss ich tanken?
Je dois faire le plein avec quel carburant?
[ʒə dwa fɛr lə plɛ̃ avɛk kɛl karbyrɑ̃]

Tankstelle

Wo ist die nächste Tankstelle?
Où est la prochaine station-service?
[u ɛ la prɔʃɛn stasjɔ̃‿sɛrvis]

Bitte voll tanken!
Vous pouvez faire le plein s'il vous plaît?
[vu puve fɛr lə plɛ̃ sil vu plɛ]

Ich möchte ... Liter Benzin/Diesel.
Je voudrais ... litres d'ordinaire/super/gas-oil.
[ʒə vudrɛ … litr dɔrdinɛr/sʏpɛr/gazwal]

Bitte machen Sie einen Ölwechsel bei meinem Auto.
Vous pouvez faire la vidange de ma voiture s'il vous plaît?
[vu puve fɛr la vidɑ̃ːʒ də ma vwatʏːr sil vu plɛ]

Bitte prüfen Sie den Ölstand.
Vous pouvez contrôler l'huile s'il vous plaît?
[vu puve kɔ̃trɔle lɥil sil vu plɛ]
... den Reifendruck.
... la pression des pneus. [la prɛsjɔ̃ dɛ pnø]
... die Batterie. **...la batterie.** [la batri]

Ich brauche Kühlwasser.
J'ai besoin de liquide de refroidissement.
[ʒɛ bəzwɛ̃ də likid də rəfrwadismɑ̃]

Polizeikontrolle

Kann ich den Führerschein und die Fahrzeugpapiere sehen?
Je peux voir votre permis de conduire et les papiers de la voiture s'il vous plaît?
[ʒə pø vwar vɔtr pɛrmi də kɔ̃dɥir e le papje də la vwatʏːr sil vu plɛ]

Ist das Ihr Fahrzeug? **C'est votre voiture?** [sɛ votr vwaˈtʏːr]

Wer ist der Halter/der Besitzer des Fahrzeugs?
Qui est le propriétaire de la voiture?
[ki ɛ lə prɔprijetɛr də la vwatʏːr]

Sie waren nicht angeschnallt.
Vous n'aviez pas de ceinture de sécurité.
[vu navje pa də sɛ̃tyr də sekyrite]

Haben Sie Alkohol getrunken?
Vous avez bu de l'alcool? [vuz‿ave bʏ də lalkɔl]

Sie haben die Höchstgeschwindigkeit von ... km/h überschritten.
Vous avez dépassé la vitesse limite de ... km/h.
[vuz‿ave depase la vitɛs limit də]

Das kostet Sie ein Verwarngeld von ... Euro.
Cela fait une amende de ... euro.
[səla fɛ ʏn amɑ̃d də ... øro]

Bitte steigen Sie aus und öffnen Sie den Kofferraum!
Descendez s'il vous plaît et ouvrez le coffre!
[desɑ̃de sil vu plɛ e uvre lə kɔfr]

Vokabeln

Abschleppdienst	**dépanneuse, la** [depanøːz]
Anlasser	**démarreur,le** [demarœr]
Ausfahrt	**sortie, la** [sɔrti]
Auspuff	**pot d'échappement, le** [po deʃapmɑ̃]
auswechseln	**changer** [ʃɑ̃ːʒe]
Autobahn	**autoroute,l'** [otorut]
Batterie	**batterie, la** [batri]
Baustelle	**chantier, le** [ʃɑ̃tje]
Benzin	**essence, l'** [ɛsɑ̃s]
Bremse	**frein, le** [frɔ̃]
Bundesstraße	**route nationale, la** [rut nasjonal]

Bußgeld	**amende, l'** [amɑ̃d]
Dichtung	**joint, le** [ʒwɛ̃]
Diesel	**gas-oil, le** [gazwal]
Elektronik	**électronique, l'** [elɛktrɔnik]
Entfernung	**distance, la** [distɑ̃s]
Ersatzreifen	**pneu de rechange, le** [pnø də rəʃɑ̃ːʒ]
Fahrbahn	**chaussée, la** [ʃose]
fahren	**rouler** [rule]
Feldweg	**chemin à travers champs, le** [ʃəmɛ̃ a travɛr ʃɑ̃]
Filter	**filtre, le** [filtr]
Führerschein	**permis de conduire, le** [pɛrmi də kɔ̃dɥir]
Gang	**vitesse, la** [vitɛs]
Gangschaltung	**embrayage, l'** [ɑ̃brɛjaːʒ]
gegenüber	**en face** [ɑ̃ fas]
geradeaus	**tout droit** [tu drwa]
Geschwindigkeit	**vitesse, la** [vites]
Getriebe	**transmission, la** [trɑ̃smisjɔ̃]
kaputt	**cassé** [kase]
Katalysator	**catalyseur, le** [katalʏzœːr]
Kennzeichen	**plaque d'immatriculation, la** [plak dimatrikʏlasjɔ̃]
Kfz-Papiere	**papiers du véhicule, les** [papje dʏ veikʏl]
Kilometer	**kilomètre, le** [kilɔmɛtr]
Kreuzung	**carrefour, le** [karfur]
Kühler	**radiateur, le** [radjatœːr]
Kupplung	**embrayage, l'** [ɑ̃brɛjaːʒ]
Lenkung	**direction, la** [dirɛˈksjɔ̃]
links	**à gauche** [a goːʃ]
Maut	**péage, le** [peaːʒ]

Mautstelle	**gare de péage, la** [gar də peaːʒ]
Mechaniker	**mécanicien, le** [mekaniˈsjɛ̃]
Motor	**moteur, le** [mɔtœːr]
Ölwechsel	**vidange, la** [vidɑ̃ːʒ]
Panne	**panne, la** [pan]
Parkplatz	**place de parking, la** [plas də parkiŋ]
Parkscheibe	**disque de stationnement, le** [disk də stasjɔnmɑ̃]
Parkschein	**ticket de stationnement, le** [tikɛ də stasjɔnmɑ̃]
Radarkontrolle	**contrôle radar, le** [kɔ̃trol radaːr]
Rastplatz	**aire de repos, l'** [ɛr də rəpo]
rechts	**à droite** [a drwat]
Reifenpanne	**crevaison, la** [krəvɛzɔ̃]
reparieren	**réparer** [repare]
Reservekanister	**jerrycan, le** [dʒerikan]
Schaltung	**levier de vitesse, le** [ləvje də vitɛs]
Schneeketten	**chaînes, les** [ʃɛn]
Schutzbrief	**assistance voyage, l'** [asistɛ̃s vwajaːʒ]
Sicherheitsgurt	**ceinture de sécurité, la** [sɛ̃tʏr də sekʏrite]
Stau	**bouchon, le** [buʃɔ̃]
Straßenkarte	**carte routière, la** [kart rutjɛr]
Super bleifrei	**super sans plomb, le** [sʏpɛr sɑ̃ plɔ̃]
Super plus	**euro super, le** [ørɔ sʏpɛr]
Super verbleit	**super plombé, le** [sʏpɛr plɔ̃be]
Tachometer	**compteur kilométrique, le** [kɔ̃tœːr kilɔmetrik]
Umleitung	**déviation, la** [devjasjɔ̃]
Unfall	**accident, l'** [aksidɑ̃]
Versicherung	**assurance, l'** [asʏrɑ̃s]
Werkstatt	**garage, le** [garaːʒ]

Im Bus

Können Sie mir sagen, wo der Busbahnhof/
die Bushaltestelle ist?
**Vous pouvez me dire où est la gare routière/
l'arrêt du bus?**
[vu puve mə dir‿u ɛ la gar rutiɛr/larɛ dʏ bʏs]

Wo halten die Busse nach ...?
Les bus pour ... s'arrêtent où? [lɛ bʏs puːr … sarɛt‿u]

Bitte suchen Sie mir die schnellste Verbindung nach ... heraus!
Vous pourriez me donner la correspondance la plus rapide pour... s'il vous plaît?
[vu purje mə done la korɛspɔ̃dɑ̃s la plʏ rapid puːr … sil vu plɛ]

Wann fährt ein Bus/der nächste Bus nach ...?
Quand part le bus/le prochain bus pour ...?
[kɑ̃ par lə bʏs/lə prɔʃɛ̃ bʏs pur]

Welche Linie muss ich nach ... nehmen?
Il faut prendre quelle ligne pour aller à ...?
[il fo prɑ̃dr kɛl liɲ pur‿ale a]

Wie lange dauert die Busfahrt nach ...?
Le trajet pour ... dure combien de temps?
[lə traʒɛ pur … dʏr kɔ̃bjɛ̃ də tɑ̃]

Wo bekomme ich die Fahrkarten?
Où est-ce que je peux acheter les billets?
[u ɛs kə ʒə pø aʃəte lɛ bijɛ]

Was kostet die Fahrt nach ...?
Le trajet pour ... coûte combien?
[lə traʒɛ puːr … kut kɔ̃bjɛ̃]

Ist das der Bus nach ...?
C'est bien le bus pour ...? [sɛ bjɛ̃ lə bʏs puːr]

Wann kommt der Bus in ... an?
Le bus arrive quand à ...? [lə bʏs ariv kɑ̃ a]

Muss ich umsteigen? Je dois changer? [ʒə dwa ʃɑ̃ːʒe]

Halten Sie in ...? Vous faites un arrêt à ...? [vu fɛt ɛ̃ arɛ a]

Wie viele Stationen sind es bis ...?
Il y a combien d'arrêts jusqu'à ...? [il ija kɔ̃bjɛ̃ darɛ jʏska]

Vokabeln

Bus	**bus, le** [bʏs]
Bushaltestelle	**arrêt de bus, l'** [arɛ də bʏs]
Endstation	**arrivée, l'** [arive]
Fahrkarte	**billet, le** [bijɛ]
Fahrkarten-automat	**distributeur de billets, le** [distribʏtœr də bijɛ]
Fahrplan	**horaires, les** [ɔrɛːr]
Gepäck	**bagages, les** [bagaːʒ]
halten	**s'arrêter** [sarɛte]
Haltestelle	**arrêt, l'** [arɛ]
Koffer	**valise, la** [valiːz]
Kontrolleur	**contrôleur, le** [kɔ̃trɔlœr]
Linie	**ligne, la** [liɲ]
Richtung	**direction, la** [dirɛksjɔ̃]
Stadtbus	**autobus, l'** [otobʏs]
Tageskarte	**billet à la journée, le** [bijɛ a la ʒuːrne]
Überlandbus	**autocar, l'** [otokar]
Wochenkarte	**carte hebdomadaire, la** [kart ɛbdɔmadɛr]

Im Zug

Von welchem Bahnhof fahren die Züge nach ...?
De quelle gare partent les trains pour ...?
[də kɛl gar part le trɛ̃ puːr]

Wann fährt ein Zug/der nächste Zug nach ...?
Quand part le train/le prochain train pour ...
[kɑ̃ par lə trɛ̃/prɔʃɛ̃ trɛ̃ puːr]

Wann kommt der Zug in ... an?
Le train arrive quand à ...? [lə trɛ̃ ariv kɑ̃ a]

Was kostet eine Fahrkarte nach ...?
Un billet pour ... coûte combien?
[ɛ̃ bijɛ pur … kut kɔ̃bjɛ̃]

Ich hätte gerne eine Fahrkarte nach ...
Je voudrais un billet pour ... [ʒə vudrɛ ɛ̃ bijɛ pur]

Gibt es Ermäßigungen für Kinder?
Il y a des réductions pour les enfants?
[il ija dɛ redʏksjɔ̃ pur lez‿ɑ̃fɑ̃]
... Studenten? **... étudiants?** [lez‿etʏdjɑ̃]
... Senioren? **...pour les retraités?** [le retrɛte]
... Behinderte? **...handicapés?** [lez‿ɑ̃dikape]

Bitte eine Karte nach ... erster/zweiter Klasse!
Un billet de première/seconde classe pour..., s'il vous plaît!
[ɛ̃ bijɛ də prəmjɛr/səgɔ̃d klas puːr … sil vu plɛ]
... für ... Erwachsene/Kinder.
...pour ... adultes/enfants, s'il vous plaît
[pur … adʏlt/ɑ̃fɑ̃ sil vu plɛ]
... eine Fahrt/hin und zurück.
Un aller/aller-retour pour ..., s'il vous plaît.
[ɛ̃ ale/ale‿rətur pur … sil vu plɛ]

Wie lange ist die Fahrkarte gültig?
Le billet est valable combien de temps?
[lə bijɛ ɛ valabl kɔ̃bjɛ̃ də tɑ̃]

Bitte reservieren Sie mir einen Platz am Fenster!
Pourriez-vous me réserver un coin fenêtre, s'il vous plaît?
[purjevu me resɛrve ɛ̃ kwɛ̃ fənɛːtr sil vu plɛ]
... im Liegewagen!
...une couchette, s'il vous plaît! [yn kuʃɛt sil vu plɛ]
... im Schlafwagen!
...une place dans le wagon-lit, s'il vous plaît!
[yn plas dɑ̃ lə vagɔ̃li sil vu plɛ]
... für (Nicht-)Raucher!
...une place dans le compartiment fumeur/non-fumeur, s'il vous plaît!
[yn plas dɑ̃ lə kɔ̃partimɑ̃ fymœːr/nɔ̃fymœːr sil vu plɛ]
... für den Zug um ...!
...une place dans le train à ..., s'il vous plaît!
[yn plas dɑ̃ lə trɛ̃ a … sil vu plɛ]

Auf welchem Gleis fährt der Zug nach ... ab?
Sur quel quai part le train pour ...?
[syr kɛl kɛ par lə trɛ̃ puːr]

Auf welchem Gleis kommt der Zug aus ... an?
Sur quel quai arrive le train de ...? [syr kel kɛ ariv lə trɛ̃ də]

Hat der Zug nach/aus ... Verspätung?
Le train pour/de ... a du retard? [lə trɛ̃ pur/də … a dy rətar]

Wie oft/Wo muss ich umsteigen?
Je dois changer combien de fois/où?
[ʒə dwa ʃɑ̃ːʒe kɔ̃bjɛ̃ də fwa/u]

Wie lange muss ich auf meinen Anschlusszug warten?
Je dois attendre ma correspondance combien de temps?
[ʒə dwa atɑ̃dr ma korɛspɔ̃dans kɔ̃bjɛ̃ də tɑ̃]

Wie viele Haltestellen sind es bis ...?
Il y a combien d'arrêts jusqu'à ...? [il ija kɔ̃bjɛ̃ darɛ ʒʏska]

Ich möchte mein Fahrrad mitnehmen.
Je voudrais emporter mon vélo. [ʒə vudrɛ ɑ̃porte mɔ̃ velo]

Wo kann ich mein Fahrrad abstellen?
Où est-ce que je peux mettre mon vélo?
[u ɛs kə ʒə pø mɛtr mɔ̃ velo]

Wo finde ich Schließfächer?
Où est la consigne automatique? [u ɛ la kɔ̃siɲ otomatik]
... die Gepäckaufbewahrung? **... la consigne?** [la kɔ̃siɲ]
... das Fundbüro?
... le bureau des objets perdus? [lə bʏro dez‿ɔbʒɛ pɛrdʏ]

Der Zug nach ... fährt auf Gleis 1 ein.
Le train à destination de ... entre en gare sur le quai 1.
[lə trɛ̃ a dɛstinasjɔ̃ də ... ɑ̃tr‿ɑ̃ gar sʏr lə kɛ ']

Der Zug aus ... hat voraussichtlich 10 Minuten Verspätung.
Le train en provenance de ... est prévu avec 10 minutes de retard.
[lə trɛ̃ ɑ̃ provnɑ̃s də ... ɛ prevʏ avɛk diz minʏt də rətar]

Bitte einsteigen!
Veuillez monter dans le train! [vœje mɔ̃te dɑ̃ lə trɛ̃]

Vorsicht bei der Abfahrt!
Attention au départ! [atɑ̃sjɔ̃ o depar]

Im Abteil

Ist das der Zug nach ...?
C'est bien le train pour ...? [sɛ bjɛ̃ lə trɛ̃ pur]

Hält dieser Zug in ...?
Ce train s'arrête bien à ...? [sə trɛ̃ sarɛt bjɛ̃ a]

Hat dieser Zug einen Speisewagen?
Ce train a un wagon-restaurant? [sə trɛ̃ a ɛ̃ vagɔ̃rɛstɔrɑ̃]

Können Sie mir bitte helfen?
Vous pouvez m'aider, s'il vous plaît?
[vu puve mede sil vu plɛ]

Ist der Platz noch frei? **Cette place est libre?** [sɛt plas ɛ libr]

Entschuldigen Sie bitte, aber das ist mein Platz.
Excusez-moi, mais c'est ma place.
[ɛkskʏzemwa mɛ sɛ ma plas]

Darf ich meine Tasche hierhin stellen?
Je peux mettre mon sac ici, s'il vous plaît?
[ʒə pø mɛtr mɔ̃ sak isi sil vu plɛ]

Darf ich das Fenster öffnen/schließen?
Je peux ouvrir/fermer la fenêtre, s'il vous plaît?
[ʒə pø uvrir/fɛrme la fənɛːtr]

Die Fahrkarten, bitte!
Les billets, s'il vous plaît! [lɛ bijɛ sil vu plɛ]

Wie viele Stationen sind es noch bis …?
Il y a combien de stations jusqu'à …?
[il i‿ja kɔ̃bjɛ̃ də stasjɔ̃ ʒʏska]

Wo sind wir jetzt? **Où sommes-nous?** [u sɔm nu]

Können Sie mir sagen, wann ich aussteigen muss?
Vous pourriez me dire quand je dois descendre?
[vu purje mə dir kɑ̃ ʒə dwa dɛsɑ̃dr]

Werden wir pünktlich in … ankommen?
Nous arriverons à l'heure à …? [nuz‿arivərɔ̃ a lœːr a]

Erreiche ich den Anschlusszug nach … noch?
J'aurai la correspondance pour …? [ʒɔrɛ la korɛspɔ̃dɑ̃s pur]

Vokabeln

Abfahrt	**départ, le** [depar]
Abfahrtszeit	**heure de départ, l'** [œːr də depar]
Abteil	**compartiment, le** [kɔ̃partimɑ̃]
Ankunft	**arrivée, l'** [arive]
Anschluss	**correspondance, la** [korɛspɔ̃dɑ̃s]
Ausgang	**sortie, la** [sorti]
aussteigen	**descendre** [dɛsɑ̃dr]
Autoreisezug	**train auto-couchettes, le** [trɛ̃ ɔtokuʃɛt]
Bahnhof	**gare, la** [gar]
Bahnsteig	**quai, le** [kɛ]
besetzt	**occupé** [okʏpe]
D-Zug	**Train Express Régional, le** [trɛ̃ ɛksprɛs reʒjɔnaːl]
Eilzug	**rapide, le** [rapid]
Eingang	**entrée, l'** [ɑ̃tre]
einsteigen	**monter** [mɔ̃te]
Ermäßigung	**réduction, la** [redʏksjɔ̃]
Fahrkarte	**billet, le** [bijɛ]
Fahrkarten-schalter	**guichet, le** [giʃɛ]
Fahrplan	**horaires de train, les** [ɔrɛr də trɛ̃]
Fahrpreis	**prix du billet, le** [pri dʏ bijɛ]
Fensterplatz	**coin fenêtre, le** [kwɛ̃ fənɛːtr]
frei	**libre** [libr]
Gang	**couloir, le** [kulwaːr]
Gepäck-aufbewahrung	**consigne, la** [kɔ̃siɲ]
Gleis	**quai, le** [kɛ]
Großraumwagen	**wagon non compartimenté** [vagɔ̃ nɔ̃ kɔ̃partimɑ̃te]

Gruppenermäßigung	**réduction de groupe, la** [redyksjɔ̃ də grup]
Hauptbahnhof	**gare principale, la** [gar prɛ̃sipal]
Hochgeschwindigkeitszug	**train à grande vitesse, le** [trɛ̃ a grɑ̃d vitɛs]
Intercity	**train Intercité, le** [trɛ̃ ɛ̃tɛrsite]
Interregio	**express régional, l'** [ɛksprɛs reʒjɔnaːl]
Klasse	**classe, la** [klas]
Liegewagen	**wagon-lit, le** [vagɔ̃li]
Nahverkehrszug	**train de banlieue, le** [trɛ̃ də bɑ̃ljœ]
Nichtraucherabteil	**compartiment non-fumeur, le** [kɔ̃partimɑ̃ nɔ̃fymœːr]
Notbremse	**frein de secours, le** [frɛ̃ də səkur]
Platz	**place, la** [plas]
Raucherabteil	**compartiment fumeur, le** [kɔ̃partimɑ̃ fymœːr]
reserviert	**réservé** [rezɛrve]
Rückfahrkarte	**billet de retour, le** [bijɛ də rətur]
S-Bahn	**RER, le** [r ə r]
Schaffner	**contrôleur, le** [kɔ̃trɔlœːr]
Schlafwagen	**wagon-lit, le** [vagɔ̃li]
Schließfächer	**consigne, la** [kɔ̃siɲ]
Speisewagen	**wagon-restaurant, le** [vagɔ̃rɛstɔrɑ̃]
Straßenbahn	**tramway, le** [tramwɛ]
U-Bahn	**métro, le** [metro]
umsteigen	**changer** [ʃɑ̃ːʒe]
Zug	**train, le** [trɛ̃]
Zuschlag	**supplément, le** [syplemɑ̃]

Im Flugzeug

Wo ist der Flughafen? **Où est l'aéroport?** [u ɛ laeropɔr]

Gibt es einen Bus zum Flughafen?
Il y a un bus pour l'aéroport?
[il ija ɛ̃ bʏs puːr laeropɔr]

Wo fährt der Flughafenbus ab?
D'où part l'aérobus? [du par laerobʏs]

Wo ist der Schalter der Fluggesellschaft ...?
Où est le guichet de la compagnie ...?
[u ɛ lə giʃɛ də la kɔ̃paɲi]

Ich möchte einen Flug nach ... buchen.
Je voudrais réserver un vol pour ...
[ʒə vudrɛ rezɛrve ɛ̃ vɔl puːr]

Wann geht der nächste Flug nach ...?
Quand part le prochain vol pour ...?
[kɑ̃ par lə proʃɛ̃ vɔl puːr]

Gibt es einen Direktflug?
Il y a un vol direct? [il ija ɛ̃ vɔl dirɛkt]

Machen wir einen Zwischenstopp?
Nous faisons escale? [nu fəzɔ̃ ɛskal]

Wie viel kostet ein Flug nach ...?
Combien coûte un vol pour ...? [kɔ̃bjɛ̃ kut ɛ̃ vɔl puːr]

Gibt es Ermäßigungen?
Il y a des réductions? [il ija dɛ redʏksjɔ̃]
... Sondertarife?
... prix spéciaux? [pri spesjo]
... Stand-by-Plätze?
... des billets stand-by? [dɛ bijɛ stɑ̃dbaj]

Sind noch Plätze frei?
Il y a encore des places disponibles?
[il ija ɑ̃kɔr dɛ plas dispɔnibl]

Dieser Flug ist leider ausgebucht.
Ce vol est malheureusement complet.
[se vɔl ɛ ˈmaløʀøzmɑ̃ kɔ̃plɛ]

Es tut mir Leid, aber Ihr Flug wurde annulliert.
Je suis désolé, votre vol a été annulé.
[ʒə sɥi desɔle vɔtr vɔl a ete anʏle]

Würde es Ihnen etwas ausmachen, einen späteren Flug zu nehmen?
Cela vous gênerait beaucoup de prendre un vol ultérieur?
[sela vu gɛnrɛ boku də prɛ̃dr ɛ̃ vɔl ʏlterjœːr?]

Wie hoch ist die Flughafengebühr?
Quel est le montant de la taxe aéoroport?
[kɛl e lə mɔ̃ tɑ̃ de la taks aeropɔr]

Kann ich das als Handgepäck mitnehmen?
Je peux prendre ça en bagage à main?
[ʒə pø prɛ̃dr sa ɑ̃ bagaːʒ a mɛ̃]

Wie viel Gepäck ist gebührenfrei?
Quelle est la franchise de bagages?
[kɛl ɛ la frɑ̃ʃiz də bagaːʒ]

Was kostet ein Kilo Übergepäck?
Un kilo de bagage excédentaire coûte combien?
[ɛ̃ kilɔ de bagaːʒ eksedɑ̃tɛr kut kɔ̃bjɛ̃]

Wann/Wo muss ich einchecken?
Quand/Où est-ce que je dois faire l'enregistrement?
[kɑ̃/u ɛs kə ʒə dwa fɛr lɑ̃rəʒistrəmɑ̃]

Kann ich bitte Ihr Visum/Ihren Personalausweis sehen?
Je peux voir votre visa/carte d'identité, s'il vous plaît?
[ʒə pø vwaːr vɔtr viza/kart didɑ̃tite]

Ich hätte gerne einen Platz am Fenster.
J'aimerais un coin fenêtre, s'il vous plaît
[ʒɛmərɛ ɛ̃ kwɛ̃ fənɛːtr sil vu plɛ]
... in der Mitte. **... une place au milieu.** [ʏn plas o miljø]
... am Gang. **... un coin couloir.** [ɛ̃ kwɛ̃ kulwar]

Ich möchte meinen Flug stornieren.
J'aimerais annuler mon vol. [ʒɛmərɛ anʏle mɔ̃ vɔl]
... umbuchen. **... changer mon vol.** [ʃɑ̃ːʒe mɔ̃ vɔl]
... rückbestätigen.
... une confirmation de mon vol. [ʏn kɔ̃firmasjɔ̃ də mɔ̃ vɔl]

Wie komme ich zum Terminal ...?
Comment est-ce que je peux me rendre au terminal?
[komɑ̃ ɛs kə ʒə pø mə rɛ̃dr‿o tɛrminal]

Bitte legen Sie alle metallischen Gegenstände hier in diese Schale.
Veuillez déposer tous vos objets métalliques dans ce récipient, s'il vous plaît.
[vœje depoze tu voz‿ɔbʒɛ metalik dɑ̃ se resipiɑ̃ sil vu plɛ]

Das können Sie nicht mit in das Flugzeug nehmen.
Vous ne pouvez pas prendre ceci dans l'avion.
[vu nə puve pa prɑ̃dr sesi dɑ̃ lavjɔ̃]

Ziehen Sie bitte Ihre Schuhe aus!
Retirez vos chaussures, s'il vous plaît!
[rətire vo ʃosʏːr sil vu plɛ]

Haben Sie ein Feuerzeug bei sich?
Vous avez un briquet sur vous? [vu ave ɛ̃ brikɛ sʏr vu]

An Bord

Würden Sie mit mir bitte den Platz tauschen?
Est-ce que vous pourriez échanger votre place contre la mienne, s'il vous plaît?
[ɛs kə vu purje eʃɑ̃ːʒe vɔtr plaːs kɔ̃tr la mjɛn sil vu plɛ]

Bitte das Rauchen einstellen!
Veuillez cesser de fumer, s'il vous plaît!
[vœje sese də fʏme sil vu plɛ]

Bitte legen Sie Ihre Sicherheitsgurte an!
Veuillez attacher vos ceintures de sécurité, s'il vous plaît!
[vœje ataʃe vo sɛ̃tʏr də sekurite sil vu plɛ]

Bitte stellen Sie die Rückenlehne senkrecht und klappen Sie den Tisch vor sich hoch!
Veuillez redresser le dossier de votre siège et remonter la table devant vous, s'il vous plaît!
[vœje rədrese lə dɔsje də vøtr sjɛʒ e rəmɔ̃te la tabl dəvɑ̃ vu sil vu plɛ]

Wir sind in wenigen Minuten startklar.
Nous serons prêts à décoller dans quelques minutes.
[nu sərɔ̃ prɛ a decole dɑ̃ kɛlkə minʏt]

Schalten Sie sämtliche elektronischen Geräte aus!
Veuillez éteindre tous vos appareils électroniques!
[vœje etɛ̃dr tu voz‿aparej elɛktrɔnik]

Sie dürfen hier im Flugzeug nicht telefonieren.
Il est interdit d'utiliser votre portable ici dans l'avion.
[il ɛ ɛ̃tɛrdi dʏtilize vɔtr pɔrtabl isi dɑ̃ lavjɔ̃]

Ich hätte gerne etwas zu trinken.
Je voudrais boire quelque chose.
[ʒə vudrɛ bwaːr kɛlkə ʃoz]

Bitte geben Sie mir ein Mineralwasser!
Vous pourriez me donner une eau minérale, s'il vous plaît?
[vu purje mə done ʏn‿o mineral sil vu plɛ]
... einen Apfelsaft! **... un jus de pommes!** [ɛ̃ ʒʏ də pɔm]
... einen Orangensaft!
... un jus d'oranges! [ɛ̃ ʒʏ dorɑ̃ːʒ sil vu plɛ]
... einen Tomatensaft!
... un jus des tomates! [ɛ̃ ʒʏ də tomat]
... einen Kaffee! **... un café!** [ɛ̃ kafe]

Können Sie mir etwas gegen Kopfschmerzen geben?
Vous pourriez me donner quelque chose contre le mal de tête?
[vu purje mə done kɛlkə ʃoz kɔ̃tr lə maːl də tɛt]

Mir geht es nicht gut.
Je ne me sens pas bien. [ʒə nə mə sɑ̃ pa bjɛ̃]

Könnte ich noch eine Spucktüte haben?
Est-ce que je pourrais avoir encore un sachet?
[ɛs kə ʒə purɛ avwar ɑ̃kɔr‿ɛ̃ saʃɛ]

Haben Sie ein Kissen für mich?
Vous pourriez me donner un oreiller, s'il vous plaît?
[vu purje mə done ɛ̃ orɛje sil vu plɛ]

Bringen Sie mir bitte eine Zeitung!
Vous pourriez m'apporter un journal, s'il vous plaît?
[vu purje mapɔrte ɛ̃ ʒurnaːl sil vu plɛ]

Was ist das für ein Gebirge/Fluss/See?
Qu'est-ce que c'est que ces montagnes-là/ce fleuve/ce lac?
[kɛs kə sɛ kə se mɔ̃taɲ la/sə flœːv/sə lak]

Werden wir pünktlich landen?
Est-ce que nous allons atterrir à l'heure?
[ɛs kə nuz‿alɔ̃ aterir a lœːr]

Kommen da noch andere Koffer von der Maschine aus ...?
Il y a encore des valises dans l'avion?
[il ija ɑ̃kɔr dɛ vali:z dɑ̃ lavjɔ̃]

Meine Koffer waren nicht in der Maschine aus ...
Mes valises n'étaient pas dans l'avion en provenance de ...
[mɛ valiz netɛ pa dɑ̃ lavjɔ̃ ɑ̃ provənɑ̃s də]

Mein Koffer/Meine Tasche ist beschädigt worden.
Ma valise/mon sac est abîmé(e).
[ma valiz/mɔ̃ sak ɛ abime]

Würden Sie bitte meinen Mann/meine Frau ausrufen?
Est-ce que vous pourriez faire appeler mon mari/ma femme, s'il vous plaît?
[ɛs kə vu purje fɛr aple mɔ̃ mari/ma fam sil vu plɛ]

Wo kann ich meinen Hund/meine Katze abholen?
Où est-ce que je peux aller reprendre mon chien/chat?
[u ɛs kə ʒə pø ale rəprɑ̃dr mɔ̃ ʃjɛ̃/ʃa]

Vokabeln

Abflug	**départ, le** [depa:r]
an Bord	**à bord** [a bɔ:r]
Ankunft	**arrivée, l'** [arive]
Anschlussflug	**vol de correspondance, le** [vɔl də korɛspɔ̃dɑ̃s]
anschnallen	**attacher les ceintures de sécurité** [ataʃe lɛ sɛ̃tʏ:r də sekurite]
Ausgang	**sortie, la** [sɔrti]
ausgebucht	**complet** [kɔ̃plɛ]
besetzt	**occupé** [okʏpe]
Bordkarte	**carte de bord, la** [kart də bɔ:r]
Buchung	**réservation, la** [resɛrvasjɔ̃]

Charterflug	**vol charter, le** [vɔl ʃartɛr]
Direktflug	**vol direct, le** [vɔl dirɛkt]
einchecken	**enregistrer** [ɑ̃rəʒistre]
fliegen	**voler** [vɔle]
Flug	**vol, le** [vɔl]
Fluggesellschaft	**compagnie aérienne, la** [kɔ̃paɲi aerjɛn]
Flughafen	**aéroport, l'** [aeropɔr]
Flugzeug	**avion, l'** [avjɔ̃]
Gepäckabfertigung	**enregistrement des bagages, l'** [ɑ̃rəʒistrəmɑ̃ dɛ bagaːʒ]
Gepäckausgabe	**livraison des bagages, la** [livrɛzɔ̃ dɛ bagaːʒ]
Gepäckband	**carrousel à bagages, le** [karuzɛl a bagaːʒ]
Handgepäck	**bagage à main, le** [bagaːʒ a mɛ̃]
Inlandsflug	**vol intérieur, le** [vɔl ɛ̃terjœːr]
Landung	**atterrissage, l'** [aterisaːʒ]
Linienflug	**vol de ligne, le** [vɔl də liɲ]
Notlandung	**atterrissage forcé, l'** [aterisaːʒ fɔrse]
Ortszeit	**heure locale, l'** [œːr lokal]
Passagier	**passager, le** [pasaːʒe]
Pilot	**pilote, le** [pilɔt]
pünktlich	**à l'heure** [a lœːr]
Schalter	**guichet, le** [giʃɛ]
Sicherheitskontrolle	**contrôles de sécurité, les** [kɔ̃trɔl də sekurite]
stornieren	**annuler** [anʏle]
Terminal	**terminal, le** [tɛrminaːl]
umbuchen	**changer** [ʃɑ̃ːʒe]
Verspätung	**retard, le** [rətar]
Zwischenlandung	**escale, l'** [eskal]

Auf dem Schiff

Wann legt die Fähre/das Schiff ab?
Le bac/le bateau lève l'ancre à quelle heure?
[lə bak/lə batɔ lɛv lɑ̃nkr a kɛl œːr]

Wie lange dauert die Überfahrt?
La traversée dure combien de temps?
[la travɛrse dʏr kɔ̃bjɛ̃ də tɑ̃]

Ich möchte mein Auto mitnehmen.
Je voudrais prendre ma voiture.
[ʒə vudrɛ prɑ̃dr ma vwatʏːr]

Wann müssen wir an Bord kommen?
Nous devons embarquer à quelle heure?
[nu dəvɔ̃ ɑ̃barke a kɛl œːr]

Wir hätten gerne eine Kabine für ... Personen.
Nous aimerions avoir une cabine pour ... personnes.
[nu ɛmerjɔ̃ avwar ʏn kabin puːr … pɛrsɔn]

Wo finde ich Kabine Nummer ...?
Où se trouve la cabine n° ...? [u sə truv la kabin nʏmerɔ]

Haben Sie etwas gegen meine Seekrankheit?
Vous auriez quelque chose contre mon mal de mer?
[vu ɔrje kɛlkə ʃoz kɔ̃tr mɔ̃ mal də mɛːr]

Wann legen wir in ... an?
Quand est-ce que nous arrivons à ...?
[kɑ̃ ɛs kə nu arivɔ̃ a]

Wann müssen wir wieder an Bord sein?
Quand devrons-nous retourner à bord?
[kɑ̃ dəvrɔ̃ nu rəturne a bɔːr]

Mann über Bord! **Un homme à la mer!** [ɛ̃ ɔm a la mɛːr]

Vokabeln

Anlegestelle	**embarcadère, l'/débarcadère, le** [ɑ̃barkadɛːr/debarkadɛːr]
backbord	**bâbord** [babɔr]
Deck	**pont, le** [pɔ̃]
Fähre	**bac, le** [bak]
Festland	**terre ferme, la** [tɛːr fɛrm]
Hafen	**port, le** [pɔr]
Insel	**île, l'** [il]
Kabine	**cabine, la** [kabin]
Kai	**quai, le** [kɛ]
Kanal	**canal, le** [kanal]
Kapitän	**capitaine, le** [kapitɛn]
Küste	**côte, la** [kot]
Liegestuhl	**chaise-longue, la** [ʃɛːzlɔ̃g]
Luftkissenboot	**canot pneumatique, le** [kano pnømatik]
Rettungsboot	**canot de sauvetage, le** [kano də sovetaːʒ]
Rettungsring	**bouée de sauvetage, la** [bue də sovetaːʒ]
Rundfahrt	**excursion, l'** [ekskʏrsjɔ̃]
Schwimmweste	**veste de sauvetage, la** [vɛst də sovetaːʒ]
Seegang	**houle, la** [ul]
seekrank	**avoir le mal de mer** [avwar lə mal də mɛːr]
Sonnendeck	**sundeck, le** [sœndek]
Speisesaal	**restaurant, le** [rɛstɔrɑ̃]
steuerbord	**tribord** [tribɔr]
Ufer	**rive, la** [riːv]
Wellen	**vagues, les** [vaːg]

Übernachtung

Im Hotel

Ich suche eine Pension/ein günstiges Hotel.
Je cherche une pension/un hôtel pas trop chère/cher.
[ʒə ʃɛrʃ ʏn pɑ̃sˈjɔ̃/ɛ̃ ɔtɛl pa tro ʃer]

Können Sie mir ein gutes Hotel empfehlen?
Pourriez-vous me recommander un hôtel?
[purje vu mə rəkomɑ̃ˈde ɛ̃‿ɔˈtɛl]

Wie komme ich zum Hotel ...?
Comment est-ce qu'on parvient à l'hôtel ... ?
[kɔˈmɑ̃ ɛs kɔ̃ parˈvjɛ̃ a lɔˈtɛl]

Ich habe bei Ihnen ein Zimmer auf den Namen ... reserviert.
J'ai réservé une chambre au nom de ...
[ʒɛ rezɛrˈve ʏn ˈʃɑ̃brə o nɔ̃ də]

Ich möchte ein Zimmer bei Ihnen reservieren.
Je voudrais réserver une chambre.
[ʒə vudrɛ rezɛrˈve ʏn ˈʃɑ̃brə]

Sind bei Ihnen noch Zimmer frei?
Est-ce qu'il vous reste des chambres?
[ɛs kil vu rɛst de ˈʃɑ̃brə]

Haben Sie ein Doppelzimmer/ein Einzelzimmer?
Auriez-vous une chambre double/simple?
[orjevu ʏn ˈʃɑ̃brə dublə/sɛ̃plə]

Wir haben leider keine Zimmer mehr frei.
Désolé, nous n'avons plus de chambres.
[dezoˈle nu navɔ̃ plʏ də ˈʃɑ̃brə]

Ich hätte gerne ein Zimmer für ... Nächte/Wochen.
Je voudrais une chambre pour ... nuits/semaines.
[ʒə vudrɛ ʏn ˈʃɑ̃brə pur … nɥi/səˈmɛn]
... mit Dusche. **... avec douche.** [avɛk duʃ]
... mit Bad. **... avec salle de bain.** [avɛk sal də bɛ̃]
... mit Klimaanlage.
... avec climatisation. [avɛk klimatizaˈsjɔ̃]
... mit Blick aufs Meer.
... qui donne sur la mer. [ki dɔn sʏr la mɛːr]

Wie viel kostet das Zimmer?
Quel est le prix de la chambre? [kɛl e lə pri də la ˈʃɑ̃brə]
... pro Nacht? **... par nuit?** [par nɥi]
... pro Person? **... par personne?** [par pɛrˈsɔn]
... mit Frühstück?
... avec petit-déjeuner? [avɛk pətiˈdeʒœne]
... mit Halbpension?
... avec demi-pension? [avɛk dəmiˈpɑ̃sjɔ̃]
... mit Vollpension?
... avec pension complète? [avɛk pɑ̃sˈjɔ̃ kɔ̃plɛt]

Kann ich mir das Zimmer ansehen?
Est-ce que je peux voir la chambre?
[ɛs kə ʒə pø vwar la ˈʃɑ̃brə]

Es ist in Ordnung. Ich nehme es.
C'est bon. Je la prends. [sɛ bɔ̃ ʒə la prɑ̃]

Ich überlege es mir noch einmal.
Je vais y réfléchir. [ʒə vɛ i refleˈʃir]

Wäre es möglich, noch ein drittes Bett dazuzustellen?
Auriez-vous un troisième lit? [orievu ɛ̃ trwaˈzjɛm li]

Ich hätte gerne ein ruhigeres Zimmer.
J'aimerais avoir une chambre plus calme.
[ʒɛmrɛ avwar ʏn ˈʃɑ̃brə plʏ kalm]

Könnten wir zwei nebeneinander liegende Zimmer haben?
Pourrions-nous avoir deux chambres côte à côte?
[purjɔ̃nu avwar dø ˈʃɑ̃brə kot‿a kot]

Bitte füllen Sie dieses Anmeldeformular aus!
Veuillez remplir la fiche, s'il vous plaît.
[vøje rɑ̃plir la fiʃ sil vu plɛ]

Geben Sie mir Ihren Personalausweis!
Votre carte d'identité! [ˈvɔtrə kart didɑ̃diˈte]

Ab wann können wir in unser Zimmer?
À partir de quand est-ce qu'on peut occuper la chambre?
[a partir də kɑ̃ ɛs kɔ̃ pø ɔkʏˈpe la ˈʃɑ̃brə]

Wann ist unser Zimmer fertig?
Quand est-ce que notre chambre sera prête?
[kɑ̃ ɛs kə nɔtr ˈʃɑ̃brə səra prɛt]

Sind das Ihre Koffer? **Ce sont vos valises?** [se sɔ̃ vo vaˈliz]

Können Sie mir die Koffer aufs Zimmer bringen lassen?
Pourriez-vous faire monter mes bagages?
[purjevu fɛr mɔ̃te me baˈgaʒ]

Kann ich mein Gepäck hier stehen lassen?
Est-ce que je peux laisser mes bagages ici?
[ɛs kə jə pø lɛse me baˈgaʒ isi]

Der Aufzug ist dort drüben.
L'ascenseur est par là. [lasɑ̃ˈsœr ɛ par la]

Wo kann ich mein Auto parken?
Où est-ce que je peux garer ma voiture?
[u ɛs kə jə pø gare ma vwaˈtʏːr]

Dürfen wir unseren Hund/unsere Katze mitbringen?
Est-ce que nous pouvons prendre notre chien/chat?
[ɛs kə nu puvɔ̃ ˈprɑ̃dr nɔtr ʃjɛ̃/ʃa]

Hat Ihr Hotel einen Fitnessraum?
Est-ce qu'il y a une salle de musculation?
[ɛs kil ija ʏn sal də mʏskʏla'sjɔ̃]
... eine Sauna? ... un sauna? [ɛ̃ saw'na]
... ein Schwimmbad? ... une piscine? [ʏn pi'sin]
... einen Wellnessbereich?
... un coin remise en forme? [ɛ̃ kwɛ̃ rəmiz ɛ̃ fɔrm]
... ein Solarium? ... un solarium? [ɛ̃ sola'rjɔm]

Hotelgäste dürfen den Wellnessbereich kostenlos benutzen.
L'hôtel met gratuitement à la disposition de ses clients le programme remise en forme.
[lɔtɛl mɛ gratɥitmɑ̃ a la dispozi'sjɔ̃ də sɛ klijɑ̃ lə prɔgram rəmiz‿ɑ̃ fɔrm]

Haben Sie einen Masseur im Haus?
Est-ce qu'il y a un masseur? [ɛs kil ija ɛ̃ ma'sœːr]

Sie können von Ihrem Zimmer direkt nach Deutschland telefonieren.
Vous pouvez téléphoner en Allemagne à partir de votre chambre.
[vu puve telefɔ'ne ɑ̃ al'maɲ partir də 'vɔtrə 'ʃɑ̃brə]

Sie erhalten eine Amtsleitung, indem Sie die Null vorwählen.
Pour obtenir une ligne, veuillez composer le zéro.
[pur ɔbtə'nir ʏn liɲ vøje kɔ̃po'ze lə ze'ro]

Telefonate im Haus sind kostenlos.
Les appels internes sont gratuits.
[lez‿apɛl ɛ̃'tern sɔ̃ gra'tɥi]

Für den Safe müssen Sie eine Kaution hinterlegen.
Pour utiliser le coffre-fort, veuillez déposer une caution.
[pur ʏtili'ze lə kɔfrə'fɔr vøje depo'ze ʏn ko'sjɔ̃]

Bitte schließen Sie beim Verlassen des Zimmers alle Fenster.
Veuillez fermer toutes les fenêtres avant de quitter votre chambre.
[vøje ferme tut le fəˈnɛtrə avɑ̃ də kite ˈvɔtrə ˈʃɑ̃brə]

Kann ich hier im Hotel meinen Anzug reinigen lassen?
Est-ce que je peux faire nettoyer mon costume à l'hôtel?
[ɛs kə jə pø fɛr netwaˈje mɔ̃ kɔsˈtʏm a loˈtɛl]

Wo kann ich mein Kleid bügeln lassen?
Où est-ce que je peux faire repasser ma robe?
[u ɛs kə ʒə pø fɛr rəpaˈse ma rɔb]

Hat das Hotel einen direkten Zugang ans Meer?
Est-ce que l'hôtel a un accès direct à la mer?
[ɛs kə lotɛl a ɛ̃ aksɛ dirɛkt a la mɛr]

Gibt es einen hoteleigenen Strand?
Est-ce que l'hôtel a une plage privée?
[ɛs kə lotɛl a ʏn plʒ prive]

Wann kann man frühstücken?
Quand est-ce qu'on peut prendre le petit-déjeuner?
[kɑ̃ ɛs k ɔ̃ pø prɑ̃dr lə pətiˈdeˈʒœne]
... Mittag essen? ... **peut déjeuner?** [pø deʒœˈne]
... Abend essen? ... **peut dîner?** [pø dine]

Wo ist der Speisesaal/Frühstücksraum?
Où est la salle à manger? [u ɛ la sal a manʒe]

Können Sie uns das Frühstück bitte im Zimmer servieren?
Pourriez-vous servir le petit-déjeuner dans la chambre?
[purjevu sɛrvir lə pətiˈdeˈʒœne dɑ̃ la ˈʃɑ̃brə]

Wir möchten nicht gestört werden.
Nous ne voulons pas être dérangés.
[nu ne vulɔ̃ pa ɛtr derɑ̃ˈʒe]

Haben Sie einen Hotelsafe?
Y a-t-il un coffre-fort à l'hôtel? [ijatil ɛ̃ kɔffrəˈfɔr a lotɛl]

Ich möchte meinen Wertsachen im Hotelsafe deponieren.
Je voudrais déposer mes objets de valeur dans le coffre-fort.
[ʒə vudrɛ depoze mɛ obʒɛ də valœːr d ɑ̃ lə kɔffrəˈfɔr]

Auf unserem Zimmer fehlen die Handtücher.
Il manque des serviettes dans notre chambre.
[il mɑ̃k de sɛrˈvjɛt dɑ̃ nɔtr ˈʃɑ̃brə]

Jeden Mittwoch werden die Handtücher gewechselt.
Les serviettes sont changées tous les mercredis.
[le sɛrˈvjɛt sɔ̃ ʃɑ̃ʒe tu le mɛrkrədi]

Ist es möglich, eine zusätzliche Decke zu bekommen?
Pourrais-je avoir une couverture supplémentaire?
[purɛʒ avwar ʏn kuvɛrˈtʏːr sʏplemɑ̃ˈtɛːr]

Die Glühlampe ist kaputt.
L'ampoule est grillée. [lɑ̃ˈpul‿ɛ griˈje]

Der Abfluss ist verstopft.
L'écoulement est bouché. [lekulˈmɑ̃ ɛ buʃe]

Das Fenster geht nicht auf/zu.
La fenêtre ne s'ouvre/ferme plus.
[la fənɛːtr nə suvrə/fɛrmə plʏ]

Geben Sie mir bitte meinen Zimmerschlüssel!
La clé, s'il vous plaît! [la kle sil vu plɛ]

Ab circa 10.00 Uhr können Sie an der Rezeption Ihre Post abholen.
Vous pouvez prendre votre courrier à la réception à partir de 10 heures environ.
[vu puve prɑ̃dr ˈvɔtrə kurje a la resɛpsjɔ̃ a partir de diz‿œːr ɑ̃virɔ̃]

Haben Sie eine Nachricht für mich?
Y a-t-il des messages pour moi?
[ijatil de mɛˈsaʒ puːr mwa]

Wir möchten unseren Aufenthalt um ... Tage verlängern.
Nous voudrions prolonger notre séjour de ... jours.
[nu vudrijɔ̃ prolɔ̃ʒe nɔtr seʒuːr də … ʒuːr]

Abreise

Wir reisen morgen ab.
Nous partons demain. [nu partɔ̃ dəmɛ̃]

Wir möchten einen Tag früher abreisen.
Nous voudrions partir un jour plus tôt.
[nu vudrijɔ̃ partir ɛ̃ ʒuːr plʏ to]

Bitte machen Sie die Rechnung für mich fertig.
Pourriez-vous préparer la note, s'il vous plaît?
[purjevu prepare la nɔt sil vu plɛ]

Bitte wecken Sie uns morgen früh um ...
Merci de nous réveiller à ... heures demain matin.
[mɛrsi də nu revɛˈje a … œr dəmɛ̃ matɛ̃]

Kann ich mit Kreditkarte bezahlen?
Je peux payer avec la carte de crédit?
[ʒə pø pɛje avɛk la kart də kredi]

Bis wann müssen wir das Zimmer räumen?
À partir de quelle heure faut-il avoir quitté la chambre?
[a partir də kɛl œr fot‿il awvar kite la ˈʃɑ̃brə]

Wir haben uns sehr wohl bei Ihnen/in Ihrem Haus gefühlt.
Nous nous sommes beaucoup plu chez vous/dans votre maison.
[nu nu sɔm boku plʏ ʃe vu/dɑ̃ ˈvɔtrə mɛzɔ̃]

Vokabeln

Abendessen	**dîner, le** [diˈne]
Abreise	**départ, le** [deˈpar]
Ankunft	**arrivée, l'** [arive]
Anzahlung	**acompte, l'** [aˈkɔ̃t]
Aschenbecher	**cendrier, le** [sɑ̃driˈje]
Aufzug	**ascenseur, l'** [asɛ̃ˈsœːr]
Aussicht	**vue, la** [vʏ]
Badewanne	**baignoire, la** [bɛˈɲwar]
Badezimmer	**salle de bains, la** [sal də bɛ̃n]
Balkon	**balcon, le** [balkɔ̃]
Beistellbett	**lit supplémentaire, le** [li sʏplemɑ̃ˈtɛr]
Bett	**lit, le** [li]
Bettdecke	**couverture, la** [kuvɛrtʏːr]
Bettwäsche	**draps, les** [dra]
Doppelbett	**lit à deux places, le** [li a dø plas]
Dusche	**douche, la** [duʃ]
Einzelzimmer	**chambre simple, la** [ˈʃɑ̃brə sɛ̃pl]
Erdgeschoss	**rez-de-chaussée, le** [redˈʃose]
Etage	**étage, l'** [etaːʒ]
Fenster	**fenêtre, la** [fəˈnɛːtrə]
Ferienwohnung	**appartement de vacances, l'** [apartəmɑ̃ də vakɑ̃s]
Fernseher	**téléviseur, le** [televisœr]
Flur	**couloir, le** [kulwaːr]
Frühstück	**petit-déjeuner, le** [pətiˈdeʒœne]
Glühlampe	**ampoule, l'** [ɑ̃puːl]
Handtücher	**serviettes, les** [sɛrvjɛt]
Hauptsaison	**haute saison, la** [ot sɛˈzɔ̃]
Heizung	**chauffage, le** [ʃofaʒ]

Hotelpersonal	**personnel de l'hôtel, le** [pɛrsɔnɛl də lotɛl]
Kinderbett	**lit d'enfant, le** [li dɑ̃fɑ̃]
Klimaanlage	**climatisation, la** [klimatizaˈsjɔ̃]
Kopfkissen	**oreiller, l'** [ɔrɛje]
Kühlschrank	**réfrigérateur, le** [refriʒeraˈtœːr]
Lampe	**lampe, la** [lɑ̃ːp]
Matratze	**matelas, le** [matˈla]
Nachsaison	**basse saison, la** [bas sɛˈzɔ̃]
Nachttischlampe	**lampe de chevet, la** [lɑ̃p də ʃəˈve]
Nebensaison	**basse saison, la** [bas sɛˈzɔ̃]
Pension	**pension, la** [pɑ̃sˈjɔ̃]
Portier	**portier, le** [portje]
reinigen	**nettoyer** [nɛtwaje]
reparieren	**réparer** [repare]
Reservierung	**réservation, la** [rezɛrvaˈsjɔ̃]
Rezeption	**réception, la** [resɛpsjɔ̃]
Schlafsack	**sac de couchage, le** [sak də kuʃaːʒ]
Schrank	**armoire, l'** [arˈmwar]
Speisezimmer	**salle à manger, la** [sal a mɑ̃ʒe]
Spülung	**chasse d'eau, la** [ʃas do]
Steckdose	**prise, la** [priz]
Stockwerk	**étage, l'** [etaʒ]
Telefon	**téléphone, le** [teleˈfɔn]
Toilette	**toilettes, les** [twaˈlɛt]
Tür	**porte, la** [pɔrt]
Übernachtung	**nuit, la** [nɥi]
Vorsaison	**basse saison, la** [bas sɛzɔ̃]
Waschbecken	**lavabo, le** [lavaˈbo]
Zimmerservice	**service de chambre, le** [sɛrvis də ˈʃɑ̃brə]
Zweibettzimmer	**chambre à deux lits, la** [ˈʃɑ̃brə a dø li]

Auf dem Campingplatz

Gibt es hier in der Nähe einen Campingplatz?
Y a-t-il un camping par ici? [ijatil ɛ̃ kɑ̃ˈpiŋ par isi]

Ich hätte gern einen Campingführer.
J'aimerais avoir un guide de camping.
[ʒɛmrɛ avwar ɛ̃ gid də kɑ̃ˈpiŋ]

Vermieten Sie Wohnwagen/Bungalows?
Est-ce que vous louez des caravanes/bungalows?
[ɛs kə vu lue de karaˈvan/bɛ̃galo]

Haben Sie noch Platz für ein Zelt?
Vous avez encore de la place pour une tente?
[vuz‿ave ɑ̃kɔr də la plas pur yn tɑ̃ːt]
... ein Auto mit Wohnwagen?
... une voiture avec caravane? [yn vwatyːr avɛk karaˈvan]
... ein Wohnmobil? **... camping-car?** [kɑ̃piŋˈkar]

Wie hoch ist die Gebühr für ... Erwachsene und ... Kinder?
Quel est le prix pour ... adultes et ... enfants?
[kɛl ɛ lə pri puːr … adylt e … ɑ̃fɑ̃]

Wir möchten einen Tag/... Tage bleiben.
Nous comptons rester ... jours. [nu kɔ̃tɔ̃ rɛste … ʒuːr]

Wie lautet Ihr Autokennzeichen?
Quel est votre numéro d'immatriculation?
[kɛl ɛ ˈvɔtrə nymeˈro dimatrikylaˈsjɔ̃]

Dürfen wir auf Ihrem Grundstück zelten?
Pourrions-nous camper sur votre terrain?
[purjɔ̃nu kɑ̃pe syr ˈvɔtrə terɛ̃]

Wo kann ich meinen Wohnwagen/mein Zelt hinstellen?
Où est-ce que je peux installer ma caravane/ma tente?
[u ɛs kə jə pø ɛ̃stale ma karaˈvan/ma tɑ̃t]

Wir hätten gerne einen windgeschützten Platz.
Nous aimerions avoir une place à l'abri du vent.
[nuz‿ɛmərjɔ̃ avwar‿ʏn plas a labri dʏ vɑ̃]

Wo sind die Waschräume/die Toiletten?
Où sont les lavabos/toilettes? [u sɔ̃ le lavabo/twalɛt]

Kostet das Duschen extra?
Est-ce que la douche coûte un supplément?
[ɛs kə la duʃ kut ɛ̃ sʏpleˈmɑ̃]

Haben Sie Gasflaschen?
Avez-vous des bouteilles de gaz? [ave vu de buˈtɛj də gaz]

Wo kann ich frisches Wasser nachfüllen?
... prendre de l'eau fraîche? [prɑ̃drə də lo frɛʃ]
... die Chemietoilette entsorgen?
... vidanger les W.C. chimiques? [vidɑ̃ˈʒe le vese ʃimik]
... das Abwasser entsorgen?
... vidanger les eaux usées? [vidɑ̃ˈʒe le o ʏze]

Wo bekomme ich Trinkwasser?
Où est-ce que je peux trouver de l'eau potable?
[u ɛs kə jə pø truve də lo poˈtablə]

Gibt es hier einen Stromanschluss/eine Waschmaschine?
Y a-t-il un branchement électrique/une machine à laver?
[ijatil ɛ̃ brɑ̃ʃˈmɑ̃ elɛkˈtrik/ʏn maˈʃin a lave]

Können Sie mir bitte ... leihen?
Pourriez-vous me prêter ...? [purjevu mə prɛte]

Wie kommt man von hier aus am besten ins Zentrum?
Comment peut-on aller au centre?
[kɔmɑ̃ pøt‿ɔ̃ ale o ˈsɑ̃trə]

Gibt es in der Nähe ein Lebensmittelgeschäft?
Y a-t-il une épicerie par ici? [ijatil ʏn episˈri par‿isi]

Vokabeln

Abmeldung	**départ, le** [de'par]
Anmeldung	**enregistrement, l'** [ɑ̃rəʒistrə'mɑ̃]
aufstellen	**monter** [mɔ̃te]
ausleihen	**prêter** [prɛte]
Batterien	**batteries, les** [ba'tri]
Benutzungsgebühr	**location, la** [loka'sjɔ̃]
Besteck	**couvert, le** [ku'vɛr]
Campingausweis	**carte de camping, la** [kart də kɑ̃'piŋ]
Campingplatz	**terrain de camping, le** [tɛrɛ̃ də kɑ̃'piŋ]
Campingstuhl	**chaise de camping, la** [sɛz dl kɑ̃'piŋ]
Decke	**couverture, la** [kuvɛrtʏːr]
Dosenöffner	**ouvre-boîte, l'** [uvrə'bwat]
Dusche	**douche, la** [duʃ]
Feuerholz	**bois de chauffage, le** [bwa dl ʃo'faʒ]
Gitarre	**guitare, la** [gitar]
Grillkohle	**charbon pour barbecue, le** [ʃarbɔ̃ pur barbə'kʏ]
Hammer	**marteau, le** [marto]
Hering	**sardine, la** [sardin]
holen	**aller chercher** [ale ʃɛrʃe]
Isomatte	**tapis de sol, le** [tapi də sɔl]
Kerzen	**bougies, les** [buʒi]
Kocher	**réchaud, le** [reʃo]
Kochgeschirr	**gamelle, la** [gamɛl]
Kompass	**boussole,la** [bu'sɔl]
Lagerfeuer	**feu de camp, le** [fø də kɑ̃]

Luftmatratze	**matelas pneumatique, le** [maˈtla pnømaˈtik]
nachfüllen	**remplir** [rɑ̃ˈplir]
Pfanne	**poêle, la** [pwal]
Plastik	**plastique, le** [plasˈtik]
Putzmittel	**produit de nettoyage, le** [prɔˈdɥi də nɛtwaˈjaʒ]
Schlafsack	**sac de couchage, le** [sak də kuˈʃaʒ]
Spülmittel	**produit à vaisselle, le** [prɔˈdɥi a veˈsɛl]
Steckdose	**prise, la** [priz]
Stellplatz	**place de stationnement, la** [plas də staˈsjɔnmɑ̃]
Strom	**électricité, l'** [elɛktrisiˈte]
Taschenlampe	**lampe de poche, la** [lɑ̃p də pɔʃ]
Taschenmesser	**canif, le** [kanif]
Topf	**casserole, la** [kasˈrɔl]
Trinkwasser	**eau potable, l'** [o pɔˈtablə]
Verlängerungs-kabel	**rallonge électrique, la** [raˈlɔ̃ʒ]
vermieten	**louer** [lue]
Vorzelt	**auvent, l'** [ovɑ̃]
Wagen	**voiture, la** [vwaˈtʏːr]
Wäscheleine	**corde à linge, la** [kɔrd‿a lɛ̃ʒ]
waschen	**laver** [lave]
Wäschetrockner	**sèche-linge, le** [sɛʃlɛ̃ʒ]
Waschmaschine	**machine à laver, la** [maˈʃin‿a lave]
Waschmittel	**lessive, la** [lɛˈsiv]
Wasserkanister	**bidon d'eau, le** [bidɔ̃ do]
Windlicht	**lumignon, le** [lʏmiˈɲɔ̃]
Wohnmobil	**camping-car, le** [kɑ̃piŋˈkar]
Zelt	**tente, la** [tɑ̃t]
zelten	**faire du camping** [fer dʏ kɑ̃ˈpiŋ]

Sehenswürdigkeiten

Haben Sie einen Stadtplan?
Vous avez un plan de la ville? [vuz‿ave ɛ̃ plɑ̃ də la vil]

Welche Sehenswürdigkeiten gibt es hier?
Quels sont les monuments à voir ici?
[kɛl sɔ̃ le monʏˈmɑ̃ a vwar isi]

Wir sind nur kurz in der Stadt.
Welche Sehenswürdigkeiten empfehlen Sie uns?
Nous restons peu de temps dans cette ville.
Quels sont les monuments à voir?
[nu rɛstɔ̃ pø də tɑ̃ dɑ̃ sɛt vil/kɛl sɔ̃ le monʏˈmɑ̃ a vwar]

Wann ist ... geöffnet?
Quand est-ce que le/la ... est ouvert(e)?
[kɑ̃ ɛs kə lə/la … ɛ uvɛr/t]

Wann wird ... geschlossen?
Quand est-ce que le/la ... ferme? [kɑ̃ ɛs kə lə/la … fɛrm]

Wann findet ... statt?
Quand est-ce que ... a lieu? [kɑ̃ ɛs kə … a ljø]

Ich möchte gerne ... besichtigen.
Je voudrais bien visiter ... [ʒə vudrɛ bjɛ̃ vizite]

Kostet das Eintritt? **L'entrée est payante?** [lɑ̃tre ɛ pɛjɑ̃t]

Bieten Sie auch eine deutsche Führung an?
Vous avez aussi des visites guidées en allemand?
[vuz‿ave osi dɛ vizit gide ɑ̃ alˈmɑ̃]

Können Sie mir sagen, wann die Führung beginnt?
Vous pouvez me dire à quelle heure commence la visite?
[vu puve mə dir‿a kɛl œːr kɔmɑ̃s la vizit]

Wo beginnt die Führung?
Où commence la visite? [u kɔmɑ̃s la vizit]

Wir möchten eine Stadtrundfahrt machen.
Nous aimerions faire un tour de la ville.
[nuz‿ɛmərjɔ̃ fɛr‿ɛ̃ tur də la vil]

Welche Ausflüge bieten Sie an?
Vous proposez quelles excursions?
[vu propoˈze kɛlz‿ɛkskʏrˈsjɔ̃]

Wir möchten uns für die Tagestour nach ... anmelden.
Nous voudrions nous inscrire pour l'excursion à/au/aux ...
[nu vudrjɔ̃ nuz‿ɛ̃ˈskrir pur lɛkskʏrˈsjɔ̃ a/o/o]

Wann/Wo fahren wir los?
Quand/d'où partons-nous? [kɑ̃ partɔ̃nu]

Wann kommen wir zurück?
Quand serons-nous de retour? [kɑ̃ sərɔ̃nu də rətuːr]

Was für ein Platz/Gebäude ist das?
C'est quelle place/quel bâtiment? [sɛ kɛl plas/kɛl batiˈmɑ̃]

Ist das ...? **C'est le/la..?** [sɛ lə/la]

Darf man hier fotografieren/filmen?
C'est possible de faire une photo/de filmer?
[sɛ pɔˈsiblə də fɛr‿yn fɔto/də filme]

Vokabeln

Abtei	**abbaye, l'** [abeˈi]
Altar	**autel, l'** [otɛl]
Altstadt	**vieille ville, la** [vjɛj vil]
Architektur	**architecture, l'** [arʃitɛkˈtʏr]

Aussichtspunkt	**point de vue, le** [pwɛ̃ də vu]
Ausstellung	**exposition, l'** [ɛkspoziˈsjɔ̃]
Basilika	**basilique, la** [baziˈlik]
Bauwerk	**construction, la** [kɔ̃strʏkˈsjɔ̃]
besichtigen	**visiter** [vizite]
Bootsfahrt	**tour en bateau, le** [tur‿ɑ̃ bato]
Botanischer Garten	**jardin botanique, le** [ʒardɛ̃ botaˈnik]
Brücke	**pont, le** [pɔ̃]
Brunnen	**fontaine, la/puits, le** [fɔ̃tɛn/pɥi]
Burg	**château-fort, le** [ʃatofɔːr]
Denkmal	**monument commémoratif, le** [monʏˈmɑ̃ komemoraˈtif]
Dom	**cathédrale, la** [kateˈdral]
Fassade	**façade, la** [faˈsaːd]
Festung	**forteresse, la** [fɔrtərɛs]
Fluss	**fleuve, le** [flœv]
Fresko	**fresque, la** [frɛsk]
Friedhof	**cimetière, le** [simˈtjɛːr]
Führer	**guide, le/la** [gid]
Führung	**visite guidée, la** [vizit gide]
Galerie	**galerie, la** [galri]
Garten	**jardin, le** [ʒardɛ̃]
Gasse	**ruelle, la** [rʏɛl]
Gebäude	**bâtiment, le** [batimɑ̃]
geöffnet	**ouvert(e)** [uvɛr/t]
geschlossen	**fermé(e)** [fɛrme]
Gruppen-ermäßigung	**réduction de groupes, la** [redʏkˈsjɔ̃ də grup]
Hafen	**port, le** [pɔr]
Jahrhundert	**siècle, le** [ˈsjɛkl]
Kathedrale	**cathédrale, la** [kateˈdraːl]

Kirche	**église, l'** [egliːz]
Kloster	**couvent, le/monastère, le** [kuˈvɑ̃/mɔnasˈtɛːr]
Kreuzgang	**cloître, le** [ˈklwaːtr]
Krypta	**crypte, la** [kript]
Kunst	**art, l'** [ar]
Kunstgeschichte	**histoire de l'art, l'** [istwar də lar]
Künstler	**artiste, l'** [arˈtist]
Kuppel	**coupole, la** [kuˈpɔl]
Markt	**marché, le** [marˈʃe]
Mosaik	**mosaïque, la** [mɔzaˈik]
Museum	**musée, le** [mʏze]
Palast	**palais, le** [palɛ]
Park	**parc, le** [park]
Platz	**place, la** [plas]
Rathaus	**mairie, la/hôtel de ville, l'** [mɛri/ɔtɛl də vil]
Ruine	**ruine, la** [rɥin]
Säule	**colonne, la** [koˈlɔn]
Schloss	**château, le** [ʃaˈto]
See	**lac, le** [lak]
Stadion	**stade, le** [stad]
Städteführer	**guide de la ville, le** [gid də la viːl]
Stadtmauer	**rempart, le** [rɑ̃ˈpar]
Stadtplan	**plan de la ville, le** [plɑ̃ də la viːl]
Stadtrundfahrt	**tour de la ville, le** [tuːr də la viːl]
Stadtteil	**quartier, le** [karˈtje]
Stadttor	**porte de la ville, la** [pɔrt də la viːl]
Statue	**statue, la** [staˈtʏ]
Straße	**rue, la** [rʏː]
Tor	**porte, la/portail, le** [pɔrt/pɔrˈtaj]
Turm	**tour, la** [tur]
Zoo	**zoo, le** [zo]

Freizeit und Unterhaltung

Theater und Konzert

Was gibt es diese Woche für Veranstaltungen?
Qu'y a-t-il au programme cette semaine?
[kijatil o proˈgram sɛt seˈmɛn]

Haben Sie einen Veranstaltungskalender?
Avez-vous un calendrier des manifestations culturelles?
[avevu ɛ̃ kalɑ̃driˈe de manifɛstaˈsjɔ̃ kʏlˈtʏrɛl]

Können Sie ein gutes Theaterstück/Konzert empfehlen?
Pouvez-vous me recommander une bonne pièce de théâtre/un bon concert?
[puvevu mə rəkɔmɑ̃de ʏn bɔn piɛs də teˈatrə/ ɛ̃ bɔ̃ kɔ̃ˈnsɛr]

Gibt es im ...-Theater eine Vorstellung?
Y a-t-il une représentation au Théâtre ...
[ijatil ʏn rəprezɑ̃taˈsjɔ̃ o teˈatrə]

Wann beginnt die Vorstellung?
À quelle heure commence la représentation?
[a kɛl œːr kɔˈmɑ̃s la rəprezɑ̃taˈsjɔ̃n]

Ab wann ist Einlass?
À partir de quand peut-on entrer?
[a partir də kɑ̃ pøt‿ɔ̃ ɑ̃tre]

Gibt es eine Pause?
Est-ce qu'il y a un entracte? [ɛs kilija ɛ̃ ɑ̃ˈtrakt]

Wie lange dauert die Pause?
L'entracte dure combien de temps?
[lɑ̃ˈtrakt dʏr kɔ̃bjɛ̃ də tɑ̃]

Was soll ich anziehen?
Comment dois-je m'habiller? [kɔmɑ̃ dwaʒe mabiˈje]

Wie heißt das Stück?
Comment s'appelle la pièce? [kɔmɑ̃ sapɛl la piɛs]

Ich möchte ... Karten reservieren.
Je voudrais réserver ... billets. [ʒə vudrɛ rezɛrˈve … biˈjɛ]

Wo bekomme ich Karten für ...?
Où est-ce que je peux acheter des billets pour ...?
[u ɛs kə ʒə pø asəte de biˈjɛ puːr]

Gibt es noch Karten für ...?
Il y a encore des billets pour ...? [ilija ɑ̃kɔr de biˈjɛ pur]

Gibt es Ermäßigung für Kinder?
Il y a des réductions pour les enfants?
[ilija dɛ redʏkˈsjɔ̃ puːr lez‿ɑ̃fɑ̃]
... Studenten? **... pour les étudiants?** [puːr lez‿etʏdjɑ̃]
... Senioren? **... pour les retraités?** [puːr le rətrɛˈte]
... Schwerstbehinderte?
... pour les handicapés? [puːr lez‿ɑ̃ndikape]

Vokabeln

Abendkasse	**caisse, la** [kɛs]
Akt	**acte, l'** [akt]
Aufführung	**représentation, la** [rəprezɑ̃taˈsjɔ̃]
ausverkauft	**complet** [kɔ̃ˈplɛ]
Ballett	**ballet, le** [baˈlɛ]
Band	**orchestre, l'** [orˈkɛstr]
Bühne	**scène, la** [sɛn]
Chor	**chœur, le** [kœr]
Dirigent	**chef d'orchestre, le** [ʃef dɔrˈkɛstr]

Eintrittskarte	**billet d'entrée, le** [bi'jɛ dɑ̃tre]
Garderobe	**vestiaire, le** [vɛs'tjɛr]
Jazzkonzert	**concert de jazz, le** [kɔ̃'sɛr də dʒaz]]
Kabarett	**café-théâtre, le** [kafeteatr]
Komödie	**comédie, la** [kɔme'di]
Konzert	**concert, le** [kɔ̃'sɛr]
Musical	**comédie musicale, la** [kɔme'di myzi'kal]
Musik	**musique, la** [my'ziːk]
Oper	**opéra, l'** [ope'ra]
Operette	**opérette, l'** [ɔperɛt]
Orchester	**orchestre, l'** [ɔrkɛstr]
Parkett	**parquet, le** [parkɛ]
Pause	**entracte, l'** [ɑ̃'trakt]
Platz	**place, la** [plas]
Premiere	**première, la** [prə'mjɛːr]
Programmheft	**programme, le** [prɔ'gram]
Rang	**rang, le** [rɑ̃]
erster	**premier** [prə'mje]
zweiter	**second** [səgɔ̃]
Regisseur	**metteur en scène, le** [mɛ'tœr‿ɛ̃ sɛn]
Reihe	**rangée, la** [rɑ̃'ʒe]
Rockkonzert	**concert de rock, le** [kɔ̃'sɛr]
Sänger/in	**chanteur/euse, le/la** [ʃɑ̃'tœːr/œːz]
Schauspieler/in	**acteur/trice, l'** [a'ktœːr/triːs]
Stehplatz	**place debout, la** [plas dəbu]
Tänzer/in	**danseur/euse, le/la** [dɑ̃sœːr/œːz]
Theaterkasse	**guichet du théâtre, le** [giʃɛ dy te'atr]
Tragödie	**tragédie, la** [traʒe'di]
Vorstellung	**représentation, la** [rəprezɑ̃ta'sjɔ̃]
Vorverkauf	**location, la** [lɔka'sjɔ̃]
Zirkus	**cirque, le** [sirk]

Wellness

Hat Ihr Hotel einen Fitnessraum?
Y a-t-il une salle de musculation?
[ijatil ʏn sal də mʏskʏlaˈsjɔ̃]
... eine Sauna? **... un sauna?** [ɛ̃ soˈna]
... ein Schwimmbad? **... une piscine?** [ʏn piˈsin]
... einen Wellnessbereich?
... un coin remise en forme? [ɛ̃ kwɛ̃ rəmiz‿ɛ̃ fɔrm]
... ein Solarium? **... un solarium?** [sɔlaˈrjɔm]

Haben Sie einen Masseur im Haus?
Vous avez un masseur? [vuz‿ave ɛ̃ masœːr]

Kann ich mir ein Saunahandtuch ausleihen?
Est-ce que je peux emprunter une serviette de sauna?
[ɛs kə ʒə pø ɑ̃prɛ̃te ʏn sɛrˈvjɛt de soˈna]

Ich möchte eine Schönheitsbehandlung machen lassen.
Je voudrais un soin beauté.
[ʒə vudrɛ ɛ̃ swɛ̃ də boˈte]

Ich hätte gerne eine Gesichtsbehandlung mit anschließender Gesichtsmassage.
J'aimerais un soin du visage avec massage.
[ʒɛmrɛ ɛ̃ swɛ̃ dʏ viˈzaʒ avɛk maˈsaːʒ]

Können Sie mir bitte die Augenbrauen zupfen?
Pourriez-vous m'épiler les sourcils?
[purjevu mepile le sursi]

Vokabeln

Dampfbad	**bain de vapeur, le** [bɛ̃ də vaˈpœːr]
Fango	**boue minérale, la** [bu mineˈraːl]

Gesicht	**visage, le** [viˈzaːʒ]
Haut	**peau, la** [po]
empfindliche	**sensible** [sɑ̃sibl]
fettige	**grasse** [gras]
normale	**normale** [nɔrmal]
trockene	**sèche** [sɛʃ]
Kneippbad	**bain Kneipp, le** [bɛ̃ knɛjp]
Maniküre	**manucure, la** [manʏˈkʏːr]
Maske	**masque, le** [mask]
Massage	**massage, le** [masaːʒ]
Moorbad	**bain de boue, le** [bɛ̃ də buː]
Pediküre	**pédicurie, la** [pediˈkʏːri]
Peeling	**peeling, le** [piˈliŋ]
Sauna	**sauna, le** [soˈna]
Solarium	**solarium, le** [sɔlaˈrjɔm]
Thermalbad	**bain thermal, le** [bɛ̃ tɛrmaːl]
Whirlpool	**jacuzzi, le** [ʒakʏzi]

Kino

Wo ist das Kino? Où est le cinéma? [u ɛ lə sineˈma]

Welcher Film kommt im Kino?
Quel est le film qui passe au cinéma?
[kɛl ɛ lə film ki pas‿o sineˈma]

Wie heißt der Film auf Deutsch?
Le film s'appelle comment en allemand?
[lə film sapɛl kɔmɑ̃ ɑ̃ almɑ̃]

Ist das der Film mit dem/der Schauspieler(in) …?
Est-ce que c'est le film avec …? [ɛs kə sɛ lə film avɛk]

Um was geht es in dem Film?
Le film parle de quoi? [lə film parlə de kwa]

Wann beginnt der Film?
Le film commence à quelle heure?
[lə film kɔmɑ̃s a kɛl‿œr]

In welcher Sprache ist der Film?
Le film est en quelle langue? [lə film ɛ ɑ̃ kɛl lɑ̃g]

Hat der Film (deutsche/englische) Untertitel?
Le film est sous-titré en allemand/anglais?
[lə film ɛ sutitre ɑ̃ alˈmɑ̃/ɑ̃ˈglɛ]

Hat der Film bereits angefangen?
Le film a déjà commencé? [lə film a deʒa komɑ̃ˈse]

Vokabeln

3-D-Kino	**cinéma 3D, le** [sineˈma trwade]
Hauptfilm	**film, le** [film]
Kinokarte	**billet, le** [biˈjɛ]
Kinoprogramm	**programme de cinéma, le** [proˈgram də sineˈma]
Komödie	**comédie, la** [komeˈdi]
Krimi	**film policier, le** [film poliˈsje]
Kunstfilm	**film d'art et d'essai, le** [film dar‿e desɛ]
Liebesfilm	**film d'amour, le** [film damuːr]
Originalversion	**version originale, la** [vɛrˈsjɔ̃ oriʒiˈnal]
Reihe	**rangée, la** [rɑ̃ˈʒe]
Sitz	**fauteuil, le** [foˈtœj]
Synchronfassung	**version synchronisée, la** [vɛrˈsjɔ̃ sɛ̃krɔniˈze]
Thriller	**thriller, le** [sriˈlœːr]
Untertitel	**sous-titre, le** [sutitr]
Vorfilm	**court métrage, le** [kur meˈtraːʒ]

Nachtleben

Wo kann man hier nachts etwas erleben?
Où est-ce que ça bouge ici, le soir?
[u ɛs kə sa buʒ isi lə swaːr]

Gibt es hier in der Nähe eine nette Kneipe/gute Diskothek?
Il y a un bistro sympa/une bonne disco dans le coin?
[ilija ɛ̃ bistro sɛ̃pa/ʏn bɔn disko dɑ̃ lə kwɛ̃]

Wo kann man hier zum Tanzen gehen?
Où est-ce qu'on peut aller danser ici?
[u ɛs kɔ̃n pø ale dɑ̃se isi]

Welche Musik wird dort gespielt?
Qu'est-ce qu'on y joue comme musique?
[kɛs kɔ̃ i ʒu kɔm mʏzik]

Können da auch Ältere hingehen?
Est-ce que des gens plus âgés peuvent aussi y aller?
[ɛs kə de ʒɑ̃ plʏz‿aʒe pøvt‿osi i ale]

Vokabeln

ausgehen	**sortir** [sɔrˈtir]
Bar	**bar, le** [baːr]
Club	**club, le** [klœb]
Cocktail	**cocktail, le** [kɔktɛl]
Diskothek	**discothèque, la** [diskɔthɛk]
Livemusik	**musique live, la** [mʏsik lajv]
Spielcasino	**casino, le** [kazino]
tanzen	**danser** [dɑ̃se]
Theke	**bar, le** [baːr]
trinken	**boire** [bwaːr]
Türsteher	**videur, le** [vidœr]

Bank und Post

Können Sie mir sagen, wo die nächste Bank/Post ist?
Pourriez-vous me dire où se trouve la banque la plus proche/le bureau de poste le plus proche?
[purjevu mə dir‿u sə truv la bɑ̃k la plʏ prɔʃ/lə bʏro də pɔst lə plʏ prɔʃ]

Um wie viel Uhr öffnet/schließt die Bank/Post?
La banque/la poste ouvre/ferme à quelle heure?
[la bɑ̃k uvr‿a/fɛrm‿a kɛl œːr]

Ich möchte ... Euro/Schweizer Franken in Pfund/ Dollar wechseln.
Je voudrais changer ... euros/francs suisses.
[ʒə vudrɛ ʃɑ̃ʒe … œrɔ/frɑ̃ sɥis]

Wie ist der Wechselkurs?
Quel est le cours du change? [kɛl‿ɛ lə kur dʏ ʃɑ̃ʒ]

Ich möchte diesen Reisescheck/Euroscheck einlösen.
Je voudrais toucher ce chèque de voyage/cet eurochèque.
[ʒə vudrɛ tuʃe sə ʃɛk də vwajaʒ/sɛt œroʃɛk]

Welche Gebühren fallen an?
Les frais se montent à combien? [le frɛ sə mɔ̃t‿a kɔ̃bjɛ̃]

Darf ich bitte Ihren Ausweis sehen?
Puis-je voir votre carte d'identité?
[pɥiʒə avwar ˈvɔtrə kart didɑ̃tiˈte]

Würden Sie bitte hier unterschreiben?
Est-ce que vous pouvez signer ici, s'il vous plaît?
[ɛs kə vu puve siˈɲe isi sil vu plɛ]

Ich brauche ... Briefmarken.
J'ai besoin de ... timbres. [ʒɛ bəzwɛ̃ də … tɛ̃brə]

Ich brauche eine Briefmarke für diese Karte.
J'ai besoin d'un timbre pour cette carte postale.
[ʒɛ bəzwɛ̃ dɛ̃ tɛ̃br pur sɛt kart postaːl]
... nach Deutschland. **... pour l'Allemagne.** [puːr lalˈmaɲ]
... nach Österreich. **... pour l'Autriche.** [puːr loˈtriʃ]
... in die Schweiz. **... pour la Suisse.** [puːr la sɥis]

Was kostet ein Brief nach Deutschland/Österreich?
Une lettre pour l'Allemagne/l'Autriche, ça coûte combien?
[yn ˈlɛtrə pur lalˈmaɲ/lotriʃ sa kut kɔ̃bjɛ̃]

Was kostet eine Postkarte in die Schweiz?
Une carte postale pour la Suisse, ça coûte combien?
[yn kart pɔstaːl pur la sɥis sa kut kɔ̃bjɛ̃]

Wie lange braucht ein Brief nach ...?
Une lettre pour (l'/le/la) ... met combien de temps?
[yn ˈlɛːtr pur l/lə/la … mɛ kɔ̃bjɛ̃ də tɑ̃]

Ich möchte ein Paket/ein Telegramm aufgeben.
Je voudrais envoyer un paquet/un télégramme.
[ʒə vudrɛ ɑ̃vwaje ɛ̃ pakɛ/ɛ̃ telegram]

Ich möchte Geld von meinem Postsparbuch abheben.
Je voudrais retirer de l'argent de mon livret d'épargne de la poste.
[ʒə vudrɛ rətire də larʒɑ̃ də mɔ̃ livrɛ deˈparɲ də la pɔst]

Vokabeln

abheben	**prélever** [prelˈve]
Absender	**expéditeur, l'** [ɛkspeditœːr]
auszahlen	**payer** [pɛˈje]
Betrag	**montant, le** [mɔ̃ tɑ̃]
Brief	**lettre, la** [ˈlɛːtr]

Briefkasten	**boîte aux lettres, la** [bwat‿o ˈlɛːtr]
Briefmarke	**timbre, le** [tɛ̃br]
EC-Karte	**carte eurochèque, la** [kart œroʃɛk]
Eilbrief	**lettre exprès, la** [lɛːtr‿ɛksprɛs]
Einschreiben	**lettre recommandée, la** [lɛːtr rəkomɑ̃de]
Empfänger	**destinataire, le** [dɛstinaˈtɛːr]
Fax	**fax, le** [faks]
Gebühr	**frais, les** [frɛ]
Geheimzahl	**code, le** [kɔd]
Geldautomat	**billeterie, la** [bijɛtri]
Gewicht	**poids, le** [pwa]
Konto	**compte, le** [kɔ̃t
Kreditkarte	**carte de credit, la** [kart də kredi]
Luftpost	**poste aérienne, la** [pɔst aeˈrjɛn]
Münze	**pièce, la** [pjɛs]
Päckchen	**petit paquet, le** [pəti pakɛ]
Paket	**paquet, le** [pakɛ]
Porto	**port, le** [pɔr]
Postkarte	**carte postale, la** [kart pɔstaːl]
Postleitzahl	**code postal, le** [kɔd pɔstaːl]
Quittung	**récépissé, le** [resepise]
Reisescheck	**chèque de voyage, le** [ʃɛk də vwajaːʒ]
Scheckkarte	**carte** [kart]
schicken	**envoyer** [ɑ̃vwaje]
Telegramm	**télégramme, le** [telegram]
Überweisung	**virement, le** [virˈmɑ̃]
Unterschrift	**signature, la** [siɲatʏːr]
Währung	**monnaie, la** [monɛ]
Wechselkurs	**cours du change, le** [kur dʏ ʃɑ̃ːʒ]
Zahlung	**paiement, le** [pɛˈmɑ̃]

Einkaufen

Allgemein

Wo kann ich ... kaufen?
Où est-ce que je peux acheter ...? [u ɛs kə jə pø aʃte]

Wann öffnen/schließen die Geschäfte?
Les magasins ouvrent/ferment à quelle heure?
[le magazɛ̃ uvrə/fɛrm a kɛl œːr]

Kann ich Ihnen helfen?
Puis-je vous aider? [pɥiʒə vuz‿ede]

Danke, ich möchte mich nur umsehen.
Non merci, je voudrais juste regarder.
[nɔ̃ mɛrsi ʒə vudrɛ ʒʏst rəgarde]

Ich hätte gerne das hier. **Je voudrais ceci.** [ʒə vudrɛ sesi]

Haben Sie auch noch etwas anderes?
Vous auriez encore autre chose du même genre?
[vuz‿ɔrje ɑ̃kɔr ˈotrə ʃoz dʏ mɛm ʒɑ̃ːr]

Wie viel kostet das? **Ça coûte combien?** [sa kut kɔ̃bjɛ̃]

Können Sie mir das billiger machen?
Est-ce que vous pouvez me faire un prix?
[ɛs kə vu puve mə fɛr ɛ̃ pri]

Das ist mir zu teuer.
Je trouve ça trop cher. [ʒə truv sa tro ʃɛr]

Das nehme ich. **Je le/la prends.** [ʒə lə/la prɑ̃]

Kann ich mit meiner Kreditkarte bezahlen?
Vous acceptez les cartes de crédit?
[vuz‿aksepte le kart də kredi]

Ich brauche einen Beleg/eine Quittung.
J'ai besoin d'un ticket de caisse/d'une quittance.
[ʒɛ bəzwɛ̃ dɛ̃ tikɛ də kɛs/dʏn kitɑ̃ːs]

Darf es noch etwas sein? **Avec ça?** [avɛk sa]

Danke, das ist alles. **Merci, ce sera tout.** [mɛrsi se sˈra tu]

Können Sie mir bitte eine Tüte geben?
Vous pourriez me donner un sac, s'il vous plaît?
[vu purje mə dɔne ɛ̃ sak sil vu plɛ]

Bitte packen Sie es als Geschenk ein!
Vous pourriez me faire un paquet cadeau, s'il vous plaît?
[vu purje mə fɛr‿ɛ̃ pakɛ kado sil vu plɛ]

Ich möchte das hier reklamieren/umtauschen.
J'ai une réclamation à faire/je voudrais faire un échange.
[ʒɛ ʏn reklamaˈsjɔ̃ a fɛr/ʒə vudrɛ fɛr‿ɛ̃ eˈʃɑ̃ːʒ]

Ich glaube, Sie haben mir falsch herausgegeben.
Je crois que vous vous êtes trompé en me rendant la monnaie. [ʒə krwa kə vu vuz‿ɛt trɔ̃pe ɑ̃ mə rɑ̃dɑ̃ la mɔnɛ]

Vokabeln

Antiquitätengeschäft	**magasin d'antiquités, le** [magaˈzɛ̃ dɑ̃tikiˈte]
Apotheke	**pharmacie, la** [farmasi]
Ausverkauf	**liquidation, la** [likidaˈsjɔ̃]
Bäckerei	**boulangerie, la** [bulɑ̃ʒri]
Barzahlung	**paiement comptant, le** [pɛˈmɑ̃ kɔ̃tɑ̃]
billig(er)	**bon marché/meilleur marché** [bɔ̃ marʃe/mɛjœːr marʃe]
Blumenladen	**fleuriste, le** [flørist]
Buchhandlung	**librairie, la** [librɛri]

Damenabteilung	**rayon femme, le** [rɛjɔ̃ fɛm]
Dose	**boîte, la** [bwat]
Drogerie	**droguerie-herboristerie, la** [drɔgriˈerboristəri]
Elektrohandlung	**magasin d'électroménager, le** [magazɛ̃ delɛktromenaˈʒe]
Feinkostladen	**épicerie fine, l'** [episri fin]
Flohmarkt	**marché aux puces, le** [marʃe o pʏs]
Fotoladen	**photographe, le** [fotograf]
Friseur	**coiffeur, le** [kwafœr]
Geld	**argent, l'** [arʒɑ̃]
Gemüseladen	**magasin de primeurs, le** [magazɛ̃ də primœːr]
Geschäft	**magasin, le/boutique, la** [magazɛ̃/butik]
Geschenk	**cadeau, le** [kado]
Handarbeit	**artisanat, l'** [artizaˈna]
herausgeben	**rendre** [ˈrɑ̃dr]
Herrenabteilung	**rayon homme, le** [rɛjɔ̃ ɔm]
Juwelier	**bijoutier, le** [biʒutje]
Kassenzettel	**ticket de caisse, le** [tikɛ də kɛs]
kaufen	**acheter** [aʃte]
Kaufhaus	**grand magasin, le** [grɑ̃ magazɛ̃]
Kinderabteilung	**rayon enfant, le** [rɛjɔ̃ ɑ̃fɑ̃]
Kreditkarte	**carte de crédit, la** [kart də kredi]
Lebensmittelgeschäft	**épicerie, l'** [episˈri]
mehr	**plus** [plʏs]
Mehrwertsteuer	**T. V. A., la** [tevea]
Metzgerei	**boucherie, la** [busri]
Musikgeschäft	**magasin de musique, le** [magazɛ̃ də mʏsiːk]
Nachlass	**remise, la** [rəmiːz]

Naturkostladen	**magasin biologique, le** [magazɛ̃ bjoloʒik]
Optiker	**opticien, l'** [ɔptisjɛ̃]
Preis	**prix, le** [pri]
Quittung	**quittance, la** [kitɑ̃s]
Rabatt	**rabais, le** [rabɛ]
Reformhaus	**magasin de produits diététiques, le** [magazɛ̃ də prɔdɥi djetetik]
Reinigung	**teinturerie, la** [tɛ̃tʏrəri]
Schaufenster	**vitrine, la** [vitrin]
Schreibwaren-laden	**papeterie, la** [papɛtri]
Schuhgeschäft	**chausseur, le** [ʃosœːr]
Schuhmacher	**cordonnier, le** [kɔrdɔnje]
Selbstbedienung	**self-service, le** [sɛlfsɛrvis]
Sonderangebot	**offre spéciale, l'** [ɔfr spesjaːl]
Souvenirladen	**magasin de souvenirs, le** [magazɛ̃ də suvˈniːr]
Spielwaren-geschäft	**magasin de jouets, le** [magazɛ̃ də ʒuɛ]
Sportgeschäft	**magasin de sport, le** [magazɛ̃ də spɔːr]
Stück	**pièce, la** [piɛːs]
Supermarkt	**super-marché, le** [sʏpɛrˈmarʃe]
Tabakwaren	**tabac, le** [taba]
teuer	**cher** [ʃeːr]
Tüte	**sac en plastique, le** [sak‿ɑ̃ plastik]
umtauschen	**échanger** [eʃɑ̃ːʒe]
weniger	**moins** [mwɛ̃]
zeigen	**montrer** [mɔ̃tre]
Zeitung	**journal, le** [ʒurnaːl]
Zeitungshändler	**marchand de journaux, le** [marʃɑ̃ də ʒurno]

Kleidung

Ich würde dies gerne anprobieren.
J'aimerais bien essayer ceci. [ʒɛmrɛ bjɛ̃ esɛje sesi]

Ich trage die Größe ... **Je fais une taille ...** [ʒl fɛ yn taːj]

Können Sie mir das bis morgen zurücklegen?
Ich möchte es mir noch einmal überlegen.
Pourriez-vous me garder cela jusqu'à demain?
Je voudrais réfléchir encore un peu.
[purjevu mə garde sela jyska dəmɛ̃
ʒə vudrɛ refleʃiːr ɑ̃kɔr‿œ̃pø]

Das steht mir nicht, bitte legen Sie es zurück!
Ça ne me va pas, je peux vous le redonner?
[sa nə mə va pa ʒə pø vu lə rədone]

Das passt mir nicht.
Ça ne me va pas. [sa nə mə va pa]

Es ist zu klein/zu groß/zu weit/zu eng.
C'est trop petit/trop grand/trop large/trop étroit.
[sɛ tro pəti/tro grɑ̃/tro larʒ/trop‿etrwa]

Aus welchem Material/Stoff ist das?
Qu'est-ce que c'est comme matière?
[kɛs kə sɛ kɔm matjɛr]

Haben Sie das auch in einer anderen Farbe?
Vous auriez la même chose, mais dans une autre couleur?
[vuz‿orje la mɛm ʃoz mɛ dɑ̃z‿yn ˈotrə kulœːr]

Hätten Sie dies bitte eine Nummer kleiner/größer?
Vous auriez une taille en dessous/en dessus, s'il vous plaît?
[vuz‿ɔrje yn taj ɑ̃ dəsu/ɑ̃ dəsy sil vu plɛ]

Vokabeln

Abendkleid	**robe du soir, la** [rɔb dʏ swaːr]
Anorak	**anorak, l'** [anorak]
anprobieren	**essayer** [esɛje]
Anzug	**costume, le** [kostʏm]
Ärmel	**manche, la** [mɑ̃ʃ]
Badeanzug	**maillot de bain, le** [majo də bɛ̃]
Badehose	**maillot de bain, le** [majo də bɛ̃]
Bademantel	**peignoir de bain, le** [pɛˈɲwar də bɛ̃]
Bademütze	**bonnet de bain, le** [bɔnɛ də bɛ̃]
Badeschuhe	**sandale de bain, la** [sɑ̃ˈdal də bɛ̃]
Baumwolle	**coton, le** [kotɔ̃]
BH	**soutien-gorge, le** [sutjɛ̃gɔrʒ]
Bikini	**bikini, le** [bikini]
Bluse	**chemisier, le** [ʃəmizje]
Dessous	**lingerie, la** [lɛ̃ʒˈri]
eng	**étroit** [etrwa]
Farbe	**couleur, la** [kulœːr]
Fleece	**polaire, le** [polɛr]
Futter	**doublure, la** [dublʏːr]
gestreift	**rayé** [reje]
Glattleder	**cuir, le** [kɥiːr]
Größe	**taille, la** [taj]
Gürtel	**ceinture, la** [sɛ̃ˈtʏːr]
Handschuhe	**gants, les** [gɑ̃]
Hemd	**chemise, la** [ʃəmiz]
Hose	**pantalon, le** [pɑ̃taˈlɔ̃]
Hut	**chapeau, le** [ʃaˈpo]
Jacke	**veste, la** [vɛːst]
Jackett	**veste, la** [vɛːst]
Jeans	**jeans, le** [dʒiːns]
kariert	**à carreaux** [a kaˈro]

Kleid	**robe, la** [rɔb]
Knopf	**bouton, le** [buˈtɔ̃]
Kostüm	**costume, le** [kosˈtʏm]
Krawatte	**cravate, la** [kravat]
Lackschuhe	**chaussures vernies, les** [ʃoˈsʏr vɛrni]
Leder	**cuir, le** [kɥir]
Leinen	**lin, le** [lɛ̃]
Mantel	**manteau, le** [mɑ̃to]
Mütze	**bonnet, le** [bɔnɛ]
Nachthemd	**chemise de nuit, la** [ʃəmiz də nɥi]
Naturfaser	**fibre naturelle, la** [fibr natʏrɛːl]
Pullover	**pull-over, le** [pulˈovœːr]
Regenjacke	**ciré, le** [sire]
Regenschirm	**parapluie, le** [paraˈplɥi]
Reißverschluss	**fermeture éclair, la** [fɛrməˈtʏr eklɛːr]
Rock	**jupe, la** [ʒʏːp]
Schal	**écharpe, l'** [eˈʃaːrp]
Schlafanzug	**le pyjama,** [piʒaˈma]
Seide	**soie, la** [swa]
Shorts	**short, le** [ʃoːrt]
Socken	**chaussette, la** [ʃosɛt]
Sonnenhut	**chapeau de soleil, le** [ʃaˈpo də sɔˈlɛːj]
Strickjacke	**gilet, le** [ʒilɛ]
Strümpfe	**bas, les** [ba]
Strumpfhose	**collant, le** [koˈlɑ̃]
T-Shirt	**tee-shirt, le** [tiˈʃœrt]
Unterwäsche	**sous-vêtements, les** [suvɛtmɑ̃]
weit	**large** [larʒ]
Weste	**gilet, le** [gilɛ]
Wildleder	**daim, le** [dɛ̃]
Wolle	**laine, la** [lɛn]

Schuhe

Haben Sie Schuhe der Marke ...?
Vous avez des chaussures ...? [vuz‿ave de ʃoˈsʏːr]

Ich trage die Schuhgröße ... **Je fais du ...** [ʒə fɛ dʏ]

Die Schuhe sind mir zu klein/zu groß.
Les chausures sont trop petites/grandes.
[lɛ ʃosʏːr sɔ̃ tro pətit/tro grɑ̃d]

Sind diese Schuhe aus echtem Leder?
C'est du cuir véritable? [sɛ dʏ kɥir veriˈtaːbl]

Wo kann ich meine Schuhe reparieren lassen?
Où est-ce que je peux faire réparer mes chaussures?
[u ɛs kə jə pø fɛr repare mɛ ʃoˈsʏːr]

Vokabeln

Absatz	**talon, le** [talɔ̃]
flacher	**plus plat** [plʏ pla]
hoher	**plus haut** [plʏ o]
Badeschuhe	**sandales de bain, les** [sɑ̃ˈdal də bɛ̃]
Bergstiefel	**chaussures de montagne, les** [ʃoˈsʏːr də mɔ̃taɲ]
Einlegesohlen	**semelles intérieures, les** [səˈmɛl dɛ̃teˈrjœr]
Halbschuhe	**chaussures basses, les** [ʃoˈsʏːr bas]
Hausschuhe	**pantoufles, les** [pɑ̃ˈtuːfl]
Kinderschuhe	**chaussures pour enfants, les** [ʃoˈsʏːr puːr‿ɑ̃fɑ̃]
knöchelhoch	**montantes** [mɔ̃ˈtɑ̃t]
Pumps	**escarpins, les** [eskarˈpɛ̃]
Sandalen	**sandales, les** [sɑ̃ˈdaːl]

Schnürsenkel	**lacets, les** [laˈsɛ]
Schuhbürste	**brosse à chaussures, la** [brɔs a_ʃoˈsʏːr]
Schuhcreme	**cirage, le** [siˈraːʒ]
Schuhe	**chaussure, la** [ʃoˈsʏr]
Schuhgröße	**pointure, la** [pwɛ̃ˈtʏːr]
Sohle	**semelle, la** [səˈmɛl]
Stiefel	**botte, la** [bɔt]
Turnschuhe	**tennis, les** [tenis]
vorne offen	**ouvertes devant** [uvɛrt dəvɑ̃]
Wanderschuhe	**chaussures de randonnée, les** [ʃoˈsʏːr də rɑ̃dɔˈne]
Winterstiefel	**bottes d'hiver, les** [bɔt divɛːr]

Uhren und Schmuck

Ich brauche eine neue Batterie für meine Uhr.
J'ai besoin d'une pile neuve pour ma montre.
[ʒɛ bəzwɛ̃ dʏn pil nœːv pur ma ˈmɔ̃tr]

Bitte setzen Sie die Batterie gleich ein!
Vous pourriez changer la pile tout de suite, s'il vous plaît?
[vu purje ʃɑ̃ːʒe la pil tu də sɥit sil vu plɛ]

Können Sie die alte Batterie entsorgen?
Vous collectez les piles usagées?
[vu kolɛkˈte le pil ʏzaˈʒe]

Ich hätte gerne ein nettes Andenken.
J'aimerais bien un petit souvenir.
[ʒɛmrɛ bjɛ̃ ɛ̃ pəti suvəniːr]

Ist das aus echtem Gold/Silber?
C'est de l'or/de l'argent véritable?
[sɛ də lɔr/də larˈʒɑ̃ veriˈtablə]

Vokabeln

Anhänger	**pendentif, le** [pɑ̃dɑ̃ˈtif]
Armband	**bracelet, le** [brasˈlɛ]
Armbanduhr	**bracelet-montre, le** [braslɛˈmɔntr]
Armreif	**bracelet, le** [brasˈlɛ]
Batterie	**pile, la** [piːl]
Bernstein	**ambre, l'** [ˈɑ̃br]
Brosche	**broche, la** [brɔʃ]
Clips	**clips, les** [klip]
echt	**véritable** [veriˈtabl]
Gold	**or, l'** [ɔːr]
Haarspange	**barrette, la** [baˈrɛt]
Karat	**carat, le** [kaˈra]
Kette	**chaîne, la** [ʃɛn]
Kristall	**cristal, le** [krisˈtal]
Modeschmuck	**bijou fantaisie, le** [biʒu fɑ̃tɛˈsi]
nickelfrei	**sans nickel** [sɑ̃ niˈkɛl]
Ohrringe	**boucles d'oreille, les** [ˈbuklə dɔˈrɛːj]
Perlen	**perles, les** [pɛrl]
Piercing	**piercing, le** [ˈpirsiŋ]
Platin	**platine, le** [plaˈtin]
reparieren	**réparer** [repaˈre]
Ring	**anneau, l'/bague, la** [ano/bag]
Silber	**argent, l'** [arˈʒɑ̃]
Uhr	**montre, la** [ˈmɔ̃tr]
Uhrenarmband	**bracelet-montre, le** [braslɛˈmɔ̃tr]
vergoldet	**plaqué or** [plaˈke ɔr]
Verlobungsring	**bague de fiançailles, la** [bag də fjɑ̃ˈsaj]
versilbert	**plaqué argent** [plaˈke arˈʒɑ̃]
Wecker	**réveil, le** [reˈvɛj]
Weißgold	**or blanc, l'** [ɔr blɑ̃]

Fotoausrüstung

Ich brauche einen Film für diesen Fotoapparat.
Je voudrais une pellicule pour cet appareil photo, s'il vous plaît.
[ʒə vudrɛ yn peliˈkyl puːr sɛt aparɛːj foto sil vu plɛ]

Ich brauche einen Film mit 24/36 Aufnahmen.
Je voudrais une pellicule 24/36 poses.
[ʒə vudrɛ yn pɛliˈkyl vɛ̃tˈkatrə/trɑ̃tˈsi poz]

Können Sie mir den Film einlegen?
Est-ce que vous pourriez me mettre la pellicule s'il vous plaît?
[ɛs kə vu purje mə ˈmɛtrə la pɛliˈkyl sil vu plɛ]

Ich möchte diesen Film entwickeln lassen.
Je voudrais faire développer cette pellicule.
[ʒə vudrɛ fɛr devloˈpe sɛt pɛliˈkyl]

Wann kann ich die Bilder abholen?
Quand est-ce que je peux venir chercher les photos?
[kɑ̃ ɛs kə jə pø vənir ʃɛrʃe le foto]

Meine Kamera funktioniert nicht richtig. Können Sie sie reparieren?
Mon appareil ne marche pas bien. Est-ce que vous pourriez le réparer?
[mɔ̃‿aparɛːj nə marʃ pa bjɛ̃ ɛs kə vu purje lə repare]

Der Sucher/Auslöser/Blitz ist kaputt.
Le viseur/déclencheur/flash est cassé.
[lə vizœːr/deklɑ̃ʃœːr/flaʃ ɛ kase]

Der Film wird nicht weitertransportiert.
La pellicule n'avance pas.
[la pɛliˈkyl navɑ̃ːs pa]

Vokabeln

Abzug	**tirage, le** [tiˈraːʒ]
APS-Film	**pellicule APS, la** [pɛliˈkʏl aps]
Auslöser	**déclencheur, le** [deklɑ̃ˈʃœːr]
Bild	**photo, la** [foˈto]
Blitz	**flash, le** [flaːʃ]
Dia-Film	**pellicule diapo, la** [pɛliˈkʏl djapo]
Digitalkamera	**appareil photo numérique, l'** [aparɛːj fɔto nʏmeˈrik]
Empfindlichkeit	**sensibilité, la** [sɑ̃sibiliˈte]
entwickeln	**développer** [devloˈpe]
Farbfilm	**pellicule couleur, la** [pɛliˈkʏl kuˈlœːr]
Film	**pellicule, la** [pɛliˈkʏl]
filmen	**filmer** [filˈme]
Format	**format, le** [fɔrˈma]
Fotoapparat	**appareil photo, l'** [apaˈrɛːj fɔto]
Kamera	**caméra, la** [kamera]
Negativ	**négatif, le** [negaˈtif]
Objektiv	**objectif, l'** [ɔbʒɛktif]
Polaroid-Kamera	**appareil polaroïd, l'** [apaˈrɛːj pɔlaˈrɔid]
Schwarz-Weiß-Film	**pellicule noir et blanc, la** [pɛliˈkʏl nwaːr e blɑ̃]
Spiegelreflex-kamera	**appareil reflex, l'** [aparɛːj rəflɛks]
Sucher	**viseur, le** [vizœːr]
Teleobjektiv	**télé-objectif, le** [teleˈobʒɛktif]
vergrößern	**agrandir** [agrɑ̃dir]
Videokamera	**caméscope, le** [kameskɔp]

Optiker

Mein Brillenglas ist herausgebrochen.
Le verre de mes lunettes est tombé.
[lə vɛr də me lʏnɛt ɛ tɔ̃be]

Können Sie meine Brille richten?
Pourriez-vous réparer mes lunettes?
[purjevu repare me lʏnɛt]

Können Sie mir eine Ersatzbrille machen?
Pourriez-vous me faire des lunettes de rechange?
[purjevu mə fɛr de lʏnɛt də rəʃɑ̃ːʒ]

Ich habe eine Kontaktlinse verloren.
J'ai perdu une lentille de contact.
[ʒɛ pɛrdʏ ʏn lɑ̃tij də kɔ̃takt]

Ich bin kurzsichtig/weitsichtig.
Je suis myope/presbyte.
[ʒə swi mjɔp/prɛsˈbit]

Ich habe ... Dioptrien rechts/links.
J'ai ... dioptries à droite/à gauche.
[ʒɛ … djɔpˈtri a drwat/a goʃ]

Ich brauche weiche/harte Kontaktlinsen.
J'ai besoin de lentilles de contact souples/ dures.
[ʒɛ bəzwɛ̃ də lɑ̃tij ˈsupl/dʏr]

Ich brauche eine Aufbewahrungsflüssigkeit/ Reinigungsflüssigkeit für Kontaktlinsen.
J'ai besoin d'un liquide de conservation/de nettoyage pour mes lentilles de contact.
[ʒɛ bəzwɛ̃ dɛ̃ likid də kɔ̃servaˈsjɔ̃/də nɛtwaˈjaːʒ pur mɛ lɑ̃tij ˈsupl/dʏr]

Vokabeln

Aufbewahrungsflüssigkeit	**liquide de conservation, le** [likid də kɔ̃sɛrvaˈsjɔ̃]
Brille	**lunettes, les** [lʏˈnɛt]
Brillengestell	**monture, la** [mɔ̃ˈtʏr]
Brillenglas	**verre, le** [vɛr]
Bügel	**branche, la** [brɑ̃ːʃ]
Dioptrien	**dioptries, les** [djɔpˈtri]
hart	**dur** [dʏr]
Kontaktlinse	**lentille de contact, la** [lɑ̃tij də kɔ̃takt]
Kontaktlinsenbehälter	**boîtier pour les lentilles, le** [bwatje puːr lɛ lɛ̃tiːj]
kurzsichtig	**myope** [mjɔp]
Lesebrille	**lunettes de lecture, les** [lʏnɛt də lɛktʏːr]
Reinigungsflüssigkeit	**liquide d'entretien, le** [likid dɑ̃trəˈtjɛ̃]
Sonnenbrille	**lunettes de soleil, les** [lʏnɛt də sɔˈlɛj]
weich	**souple** [ˈsuːplə]
weitsichtig	**presbyte** [prɛsˈbit]

Körperpflege

Wo ist die nächste Drogerie?
Où est la droguerie-herboristerie la plus proche?
[u ɛ la drɔgriɛrbɔristeri la plʏ prɔʃ]

Wo kann ich Kosmetikartikel kaufen?
Où est-ce que je peux acheter des cosmétiques?
[u ɛs kə jə pø aʃte de kɔsmetik]

Wo kann ich Duschgel/Shampoo kaufen?
Où est-ce que je peux acheter un gel-douche/shampooing?
[u ɛs kl jə pø aʃte ɛ̃ ʒɛlduʃ/ʃɑ̃ˈpwɛ̃]

Ich brauche eine Creme gegen meine trockene Haut.
J'ai besoin d'une crème pour peau sèche.
[ʒɛ bəzwɛ̃ dʏn krɛm pur po sɛʃ]

Kann ich das auch bei empfindlicher Haut nehmen?
Est-ce que cela convient aussi à la peau sensible?
[ɛs kə səla kɔ̃vjɛ̃ osi a la po sɑ̃ˈsiːbl]

Ich möchte mir die Haare schneiden lassen.
Je voudrais une coupe. [ʒə vudrɛ ʏn kup]

Schneiden Sie bitte nur die Spitzen!
Je voudrais juste faire couper les pointes!
[ʒə vudrɛ jʏst fɛr kupe le pwɛ̃ːt]

Vokabeln

Après-sun-Creme	**crème après-soleil, la** [krɛm aprɛsoˈlɛj]
Augenbrauenstift	**crayon à sourcils, le** [krɛˈjɔ̃ a surˈsi]
Bürste	**brosse, la** [brɔs]
Damenbinden	**serviette périodique, la** [serˈvjɛt perjɔˈdik]
Dauerwelle	**permanente, la** [pɛrmaˈnɑ̃t]
Deo	**déodorant, le** [deodorɑ̃]
Duschgel	**gel-douche, le** [ʒɛlduʃ]
färben	**teinter** [tɛ̃te]
Friseur	**coiffeur, le** [kwaˈfœːr]
Gesichtscreme	**crème pour le visage, la** [krɛm pur lə vizaːʒ]
Haargummi	**élastique, l'** [elasˈtik]

Haarspange	**barette, la** [barɛt]
Haarspülung	**après-shampooing, l'** [aprɛˈʃɑ̃pwɛ̃]
Haarwaschmittel	**shampooing, le** [ʃɑ̃ˈpwɛ̃]
Handcreme	**crème pour les mains, la** [krɛm pur lɛ mɛ̃]
Kamm	**peigne, le** [pɛɲ]
Kondome	**préservatifs, les** [prezɛrvaˈtif]
Körperlotion	**lait pour le corps, le** [lɛ pur lə kɔr]
Lippenstift	**rouge à lèvres, le** [ruʒ‿a ˈlɛvr]
Nachtcreme	**crème de nuit, la** [krɛm də nɥi]
Nagelfeile	**lime à ongles, la** [lim‿a ˈɔ̃gl]
Nagellack	**vernis à ongles, le** [vɛrni a ɔ̃gl]
Nagelschere	**pince à ongles, la** [pɛ̃s‿a ɔ̃gl]
Parfüm	**parfum, le** [parfɛ̃]
Pflaster	**sparadrap, le** [sparadra]
Pinzette	**pince à épiler, la** [p˜es‿a epile]
Puder	**poudre, la** [puːdr]
Rasierklinge	**lame de rasoir, la** [lam‿də razwar]
Rasierschaum	**mousse à raser, la** [mus‿a raze]
Schaumfestiger	**mousse fixante, la** [mus fiksɑ̃nt]
Seife	**savon, le** [savɔ̃]
Slipeinlagen	**protège-slip, le** [protɛʒˈslip]
Sonnencreme	**crème solaire, la** [krɛm solɛr]
Spiegel	**glace, la** [glas]
Tagescreme	**crème de jour, la** [krɛm də ʒur]
Tampons	**tampon hygiénique, le** [tɑ̃pɔ̃ iʒjeˈnik]
Taschentücher	**mouchoir, le** [muʃwar]
Toilettenpapier	**papier hygiénique, le** [papje iʒjeˈnik]
Wattestäbchen	**coton-tige, le** [kotɔ̃tiʒ]
Zahnbürste	**brosse à dents, la** [brɔs‿a dɑ̃]
Zahnpasta	**dentifrice, le** [dɑ̃tifris]

Lebensmittel

Was darf es sein?
Madame? Mademoiselle? Monsieur?
[madam/madmwazɛl/məsjø]

Haben Sie ...? **Auriez-vous de ...** [ɔrjevu də]

Ich hätte gerne ... Gramm/Kilo/Liter/Stück von ...
Je voudrais ... gramme(s)/kilo(s)/litre(s)/morceau(x) de ...
[ʒə vudrɛ … gram/kilo/litr/mɔrso də]

Was ist das? **Qu'est-ce que c'est?** [kɛs kə sɛ]

Dürfte ich das vielleicht probieren?
Est-ce que je pourrais en goûter? [ɛs kə jə purɛ ɑ̃ gute]

Danke, das ist alles. **C'est tout, merci.** [sɛ tu mɛrsi]

Vokabeln

Apfelsaft	**jus de pomme, le** [ʒʏ də pɔm]
Artischocke	**artichaut, l'** [artiˈʃo]
Aubergine	**aubergine, l'** [obɛrˈʒiːn]
Austern	**huîtres, les** [ˈɥitr]
Babynahrung	**aliment pour bébé, l'** [aliˈmɑ̃ puːr beˈbe]
Baguette	**baguette, la** [baˈgɛt]
Balsamico-Essig	**vinaigre balsamique, le** [viˈnɛgr balzamik]
Basilikum	**basilic, le** [baziˈlik]
Bier	**bière, la** [bjɛːr]
biologisch	**biologique** [bjoloˈʒik]
Blumenkohl	**chou-fleur, le** [ʃuˈflœːr]
Bohnen	**haricots, les** [ariˈko]

Bohnenkraut	**sarriette, la** [sa'rjɛt]
Bonbons	**bonbons, les** [bɔ̃'bɔ̃]
Brokkoli	**broccoli, le** [brokɔli]
Brötchen	**petit pain, le** [pti pɛ̃]
Brot	**pain, le** [pɛ̃]
Brühwürfel	**bouillon-cube, le** [bujɔ̃'kʏb]
Butter (salzige)	**beurre (salé), le** [bœːr sale]
Champignons	**champignons de Paris, les** [ʃɑ̃pi'ɲɔ̃ də pari]
Chili	**piment oiseau, le** [pi'mɑ̃ wa'zo]
Cola	**coca, le** [ko'ka]
Dill	**aneth, l'** [anet]
Eier	**œufs, les** [œː]
Eis	**glace, la** [glas]
Erbsen	**petits pois, les** [pti pwa]
Essig	**vinaigre, le** [vi'nɛgr]
Estragon	**estragon, l'** [ɛs'tragɔ̃]
Fenchel	**fenouil, le** [fə'nuj]
fettarm	**allégé** [ale'ʒe]
Fisch	**poisson, le** [pwa'sɔ̃]
Fleisch	**viande, la** [vjɑ̃d]
frisch	**frais/fraîche** [frɛ/frɛʃ]
Garnelen	**crevettes roses, les** [krə'vɛt roz]
Gebäck	**pâtisseries, les** [patis'ri]
Geflügel	**volaille, la** [vo'laj]
Gemüse	**légume, le** [le'gʏm]
Gewürze	**aromates/épices, les** [aro'mat/e'pis]
Gurke	**concombre, le** [kɔ̃'kɔ̃br]
Gewürzgurke	**cornichon, le** [kɔrni'ʃɔ̃]
Hackfleisch	**viande hachée, la** [vjɑ̃d'‿aʃe]
Hähnchen	**poulet, le** [pulɛ]
Haferflocken	**flocons d'avoine, les** [flɔ'kɔ̃ da'vwan]

Honig	**miel, le** [mjɛːl]
Joghurt	**yaourt, le** [jaˈurt
Käse	**fromage, le** [froˈmaʒ]
Kaffee	**café, le** [kaˈfe]
Kakao	**cacao, le** [kakao]
Kalbfleisch	**viande de veau, la** [vjɑ̃d də vo]
Kapern	**câpres, les** [ˈkaːpr]
Karotten	**carottes, les** [karɔt]
Kartoffeln	**pommes de terre, les** [pɔm də tɛr]
Kartoffelchips	**chips, les** [ʃips]
Kekse	**biscuits, les** [biskɥi]
Knoblauch	**ail, l'** [aj]
Kohl	**chou, le** [ʃu]
Konserven	**conserves, les** [kɔ̃ˈserv]
Konservierungs-stoffe	**agents conservateurs, les** [aʒɑ̃ ˈkɔ̃servatœr]
Kotelett	**côtelette, la** [koˈtlɛt]
Krabben	**crevette (grise), la** [krəvɛt griz]
Kräuter	**herbes, les** [ɛrb]
Kuchen	**gâteau, le** [gato]
Kürbis	**potiron, le** [potirɔ̃]
Lammfleisch	**viande d'agneau, la** [vjɑ̃ndaɲo]
Lauch	**poireau, le** [pwaro]
Limonade	**limonade, la** [limonad]
Linsen	**lentilles, les** [lɑ̃tiːj]
Mais	**maïs, le** [maˈis]
Mandeln	**amandes, les** [amɑ̃ːd]
Margarine	**margarine, la** [margariːn]
Marmelade	**confiture, la** [kɔ̃fitʏːr]
Mayonnaise	**mayonnaise, la** [majɔnɛːz]
Mehl	**farine, la** [fariːn]
Milch	**lait, le** [lɛ]
Mineralwasser	**eau minérale, l'** [o mineraːl]

Müsli	**musli, le** [mʏsli]
Muscheln	**moules, les** [muːl]
Nudeln	**pâtes, nouilles, les** [pat/nuːj]
Nüsse	**noisettes, les** [nwazet]
Obst	**fruits, les** [frɥi]
Öl	**huile, l'** [ɥil]
Oliven	**olives, les** [ɔliv]
Orangensaft	**jus d'orange, le** [jʏ dɔrɑ̃ːʒ]
Oregano	**origan, l'** [ɔrigɑ̃]
Paprika	**paprika, le** [paprika]
Paprikaschote	**poivron, le** [pwavrɔ̃]
Peperoni	**piment, le** [pimɑ̃]
Petersilie	**persil, le** [pɛrsi]
Pfeffer	**poivre, le** [pwavr]
Pilze	**champignons, les** [ʃɑ̃piɲɔ̃]
Pralinen	**chocolats, les** [ʃokola]
Putenfleisch	**viande de dinde, la** [vjɑ̃ːd də dɛ̃d]
Quark	**fromage blanc, le** [fromaʒ blɑ̃]
Reis	**riz, le** [ri]
Rindfleisch	**viande de bœuf, la** [vjɑ̃ːd də bœf]
Rotwein	**vin rouge, le** [vɛ̃ ruːʒ]
Rosinen	**raisins secs, les** [rezɛ̃ sɛk]
Rosmarin	**romarin, le** [romarɛ̃]
Saft	**jus, le** [ʒʏ]
Sahne	**crème Chantilly, la** [krɛm ʃɑ̃tiji]
Salami	**salami, le saucisson sec, le** [salami/sosisɔ̃ sɛk]
Salat	**salade, la** [salad]
Salbei	**sauge, la** [soːʒ]
Salz	**sel, le** [sɛl]
Sardinen	**sardines, les** [sardin]
Schafskäse	**fromage de brebis, le** [frɔmaʒ də brəbi]

Schinken	**jambon, le** [ʒɑ̃bɔ̃]
roh	**cru** [kʀʏ]
gekocht	**blanc/de Paris** [blɑ̃/də pari]
geräuchert	**fumé** [fʏme]
Schokolade	**chocolat, le** [ʃokola]
Schweinefleisch	**viande de porc, la** [vjɑ̃nd də pɔr]
Sellerie	**céleri, le** [sɛlri]
Senf	**moutarde, la** [mutard]
Spargel	**asperges, les** [aspɛrʒ]
Spinat	**épinards, les** [epinar]
Steak	**steak, le** [stɛk]
Süßstoff	**édulcorant, l'** [edʏlkorɑ̃]
Tee	**thé, le** [te]
Teebeutel	**sachet de thé, le** [saʃɛ də te]
Thunfisch	**thon, le** [tɔ̃]
Thymian	**thym, le** [tɛ̃]
Tintenfisch	**seiche, la** [sɛʃ]
Toast	**toast, le** [tost]
Tomate	**tomate, la** [tomat]
ungespritzt	**non traité** [nɔ̃ trete]
verdorben	**pourri, moisi** [puri/mwazi]
Vollkornbrot	**pain complet, le** [pɛ̃ kɔ̃plɛ]
Walnuss	**noix, la** [nwa]
Wasser	**eau, l'** [o]
Wein	**vin, le** [vɛ̃]
Weißbrot	**pain blanc, le** [pɛ̃ blɑ̃]
Weißwein	**vin blanc, le** [vɛ̃ blɑ̃]
Wurst	**charcuterie, la** [ʃarkʏtri]
Zimt	**cannelle, la** [kanɛl]
Zucchini	**courgette, la** [kurʒɛt]
Zucker	**sucre, le** [sʏkr]
Zwieback	**biscottes, les** [biskɔt]
Zwiebel	**oignon, l'** [oɲɔ̃]

Gastronomie

Können Sie mir ein gutes Restaurant empfehlen?
Pouvez-vous me recommander un bon restaurant?
[puvevu mə rəkɔmɑ̃de ɛ̃ bɔ̃ rɛstorɑ̃]

Ich möchte für heute Abend einen Tisch für ... Personen reservieren.
Je voudrais réserver une table pour ... personnes pour ce soir.
[ʒə vudrɛ rezɛrve ʏn ˈtabl puːr … pɛrsɔn puːr se swaːr]

Ich habe einen Tisch auf den Namen ... reserviert.
J'ai réservé une table au nom de ...
[ʒɛ rezɛrve ʏn ˈtabl‿o nɔ̃ də]

Dürfen wir uns zu Ihnen setzen?
Vous permettez? [vu pɛrmete]

Was möchten Sie trinken/essen?
Que désirez-vous boire/manger?
[kə dezirevu bwar/mɑ̃ʒe]

Ich möchte ein Glas/eine Flasche Weißwein/Rotwein.
Je voudrais un verre/une bouteille de vin blanc/rouge.
[ʒə vudrɛ ɛ̃ vɛr/ʏn butɛːj də vɛ̃ blɑ̃/ruːʒ]

Ich nehme einen Saft.
Je prends un jus de fruits. [ʒə prɑ̃ ɛ̃ ʒʏ də frɥi]

Bringen Sie mir bitte die Speisekarte!
La carte, s'il vous plaît! [la kart sil vu plɛ]

Wir möchten gerne bestellen.
On peut commander? [ɔ̃ pø kɔmɑ̃de]

Was können Sie uns empfehlen?
Qu'est-ce que vous nous recommandez?
[kɛs kə vu nu rəkomɑ̃de]

Welche Vorspeisen haben Sie?
Qu'est-ce que vous avez comme entrée?
[kɛs kə vuz‿ave kɔm ɑ̃tre]

Ich möchte nur eine Kleinigkeit essen/trinken.
Je voudrais juste manger/boire un petit quelque chose.
[ʒə vudrɛ ʒʏst mɑ̃ge/bwar ɛ̃ pəti kɛlkə ʃoz]

Haben Sie auch ...?
Est-ce que vous auriez aussi du/de la/des ...
[ɛs kə vuz‿orje osi dʏ/də la/de]

Ich möchte bitte nur einen Salat.
Je ne prendrai qu'une salade, s'il vous plaît.
[ʒə nə prɑ̃drɛ kʏn salad sil vu plɛ]

Ich möchte gerne vegetarisch essen.
Je voudrais bien manger végétarien.
[ʒə vudrɛ bjɛ̃ mɑ̃ʒe veʒetarjɛ̃]

Kann ich statt des Eises auch ein Tiramisu haben?
Est-ce que je pourrais avoir un tiramisu au lieu de la glace?
[ɛs kə ʒə purɛ avwar‿ɛ̃ tiramisu o ljø də la glas]

Wir hätten gerne ... mit zwei Tellern.
Pourrions-nous avoir ... avec deux assiettes?
[purjɔ̃nu avwar … avɛk døz‿asjɛt]

Wir brauchen noch ein Besteck!
Il manque un couvert! [il mɑ̃k ɛ̃ kuvɛːr]

Haben Sie auch Kinderteller?
Avez-vous aussi un menu enfant?
[avevu osi ɛ̃ mənʏ ɑ̃fɑ̃]

Leider haben wir kein ... mehr.
Désolé, nous n'avons plus de ... [dezole nu navɔ̃ plʏ də]

Darf es noch etwas sein?
Vous désirez autre chose?
[vu dezire ˈotrə ʃoz]

Wie möchten Sie Ihr Steak haben?
Vous voulez votre steak comment?
[vu vule ˈvɔtrə stɛk kɔ̃mɑ̃]

Guten Appetit! Bon appétit! [bɔ̃‿apeti]

Danke, gleichfalls.
Merci, de même. [mersi də mɛm]

Zum Wohl! À ta/votre santé! [a ta/ˈvɔtrə sɑ̃te]

Prost! À la tienne/la vôtre ! [a la tjɛn/la ˈvotrə]

Kann ich noch etwas Brot haben?
Pourriez-vous nous apporter encore du pain?
[purjevu nuz‿apɔrte ɑ̃kɔːr dʏ pɛ̃]

Bringen Sie mir bitte noch ...
S'il vous plaît, du/de l' ...
[sil vu plɛ dʏ/də la/də lˈ]

Das habe ich aber nicht bestellt.
Ce n'est pas ce que j'ai commandé.
[sə nɛ pa sə kə ʒɛ kɔmɑ̃de]

Haben Sie meine Suppe vergessen?
Vous avez oublié ma soupe?
[vuz‿ave ublije ma sup]

Wo bitte sind die Toiletten?
Où sont les toilettes, s'il vous plaît?
[u sɔ̃ le twalɛt sil vu plɛ]

Kann ich Ihnen noch etwas bringen?
Vous désirez autre chose? [vu dezire ˈotrə ʃoz]

Möchten Sie eine Nachspeise?
Vous désirez un dessert? [vu dezire ɛ̃ desɛr]

Danke, im Moment nicht. **Non, merci.** [nɔ̃ mɛrsi]

Hat es Ihnen geschmeckt? **Ça a été?** [sa‿a ete]

Es hat hervorragend geschmeckt. **Excellent.** [ekselɑ̃]

Stört es Sie/dich, wenn ich rauche?
Cela vous/te dérange si je fume?
[səla vu/tə derɑ̃ːʒ si ʒə fʏm]

Würden Sie/Würdest du mir bitte ... geben?
Pourriez-vous/pourrais-tu me passer ...
[purjevu/purɛtʏ mə pase]

Kann ich bitte einen Zahnstocher haben?
Pourrais-je avoir un cure-dent, s'il vous plaît?
[purɛʒ avwar ɛ̃ kʏr dɑ̃ sil vu plɛ]

Wir möchten bitte bezahlen.
L'addition, s'il vous plaît. [ladisjɔ̃ sil vu plɛ]

Der Rest ist für Sie. **Gardez la monnaie.** [garde la monɛ]

Bitte stellen Sie mir eine Quittung aus.
Vous pourriez me faire une facture, s'il vous plaît?
[vu purje mə fɛr‿ʏn factʏr sil vu plɛ]

Wir hätten gerne getrennte Rechnungen.
Nous aimerions payer séparément.
[nuz‿ɛmərjɔ̃ peje separemɑ̃]

Alles zusammen bitte.
Mettez tout sur l'addition. [mete tu sʏr ladisjɔ̃]

Kann es sein, dass Sie sich verrechnet haben?
Est-ce qu'il y aurait une erreur de calcul?
[ɛs kil i ɔrɛ ʏn‿erœːr də kalkʏl]

Vokabeln

Abendessen	**dîner, le** [dine]
Aschenbecher	**cendrier, le** [sɑ̃drije]
Bar	**bar, le** [bar]
Beilage	**garniture, la** [garnitʏːr]
Bier	**bière, la** [bjɛːr]
blutig	**saignant, e** [sɛɲɑ̃]
Bratkartoffeln	**pommes de terre sautées, les** [pɔm də ter sote]
Brot	**pain, le** [pɛ̃]
Café	**café, le** [kaˈfe]
Cola	**coca, le** [koˈka]
Dessertkarte	**carte des desserts, la** [kart de desɛr]
Dessertlöffel	**petite cuillère, la** [ptit kɥijɛːr]
Diät	**régime, le** [reʒim]
Dressing	**sauce à salade, la** [sos a salad]
durchgebraten	**bien cuit** [bjɛ̃ kɥi]
Ei	**œuf, l'** [œf]
hart gekocht	**dur** [dʏr]
weich gekocht	**mollet** [molɛt]
Eis	**glace, la** [glas]
Eiswürfel	**glaçons, les** [glasɔ̃]
essen	**manger** [mɑ̃ʒe]
fett	**gras, se** [gra/s]
fettarm	**allégé** [aleʒe]
Filet	**filet, le** [file]
Fisch	**poisson, le** [pwasɔ̃]
flambiert	**flambé** [flɑ̃be]
Flasche	**bouteille, la** [butɛːj]
Fleisch	**viande, la** [vjɑ̃ːd]
Fleischbrühe	**consommé, le** [kɔ̃some]

Folienkartoffel	**pommes de terre en papillottes, les** [pɔm də tɛr‿ɑ̃ papijɔt]
frisch gepresst	**pressé** [prese]
Frühstück	**petit déjeuner, le** [pəti'deʒœne]
frühstücken	**prendre le petit déjeuner** [prɑ̃dr lə pəti'deʒœne]
Gabel	**fourchette, la** [furʃɛt]
Gedeck	**couvert, le** [kuvɛːr]
Gemüse	**légumes, les** [le'gʏm]
Gemüsesuppe	**soupe de légumes, la** [sup də le'gʏm]
Gewürze	**aromates, les/épices, les** [aromat/epiːs]
gewürzt	**assaisonné** [asezone]
Glas	**verre, le** [vɛːr]
Grillteller	**assortiment de grillades, l'** [asɔrtimɑ̃ da grijɑd]
hausgemacht	**(fait) maison** [fɛ mezɔ̃]
heiß	**chaud** [ʃo]
Kaffee	**café, le** [ka'fe]
Kaffeelöffel	**cuillère à café, la** [kɥijɛr‿a ka'fe]
Kakao	**chocolat, le** [ʃokola]
Kalbfleisch	**viande de veau, la** [vjɑ̃ːd də vo]
Karpfen	**carpe, la** [karp]
Kartoffeln	**pommes de terre, les** [pɔm də tɛr]
Käse	**fromage, le** [fromaːʒ]
Kellner	**garçon, le** [garsɔ̃]
Ketchup	**ketchup, le** [kɛtʃɔp]
Kneipe	**bistrot, le/troquet, le** [bistro/trokɛ]
Knoblauch	**ail, l'** [aːj]
kohlensäurehaltig	**gazeux, se** [gazœ/z]
Kräuter	**herbes, les** [ɛrb]

Kuchen	gâteau, le [gato]
lieblich	moëlleux [mwɛlø]
Limonade	limonade, la [limonad]
Löffel	cuillère, la [kɥijɛːr]
mager	maigre [mɛːgr]
medium	médium [medjɔm]
Messer	couteau, le [kuto]
Mineralwasser	eau minérale, l' [o mineraːl]
mit	avec [avɛk]
Müsli	musli, le [mʏsli]
Nachtisch	dessert, le [desɛr]
Nudeln	pâtes, les [pɑt]
Obstsalat	salade aux fruits, la [salad də frɥi]
ohne	sans [s ɑ̃]
Öl	huile, l' [ɥil]
Oliven	olives, les [ɔliv]
Pellkartoffel	pommes de terre en robe des champs, les [pɔm də tɛr‿ɑ̃ rɔb de ʃɑ̃]
Pfannkuchen	crêpe épaisse, la [krɛp‿epɛs]
Pfeffer	poivre, le [pwaːvr]
Pizza	pizza, la [pitza]
Pommes frites	frites, les [frit]
Portion	portion, la [pɔrsjɔ̃]
preiswert	bon marché [bɔ̃ marʃe]
Reis	riz, le ri]
Rührei	œufs brouillés, les [œː bruje]
Salat	salade, la [salad]
der Saison	salade de saison, la [salad də sɛzɔ̃]
gemischter	mixte [mikst]
griechischer	grecque [grɛk]
grüner	verte [vɛrt]
Salatbüffet	buffet de salades, le [bʏfɛ də salad]

Salatsoße	**assaisonnement à salade, l'** [asɛzɔnmɑ̃ a salad]
Salz	**sel, le** [sɛl]
sauer	**amer** [amɛr]
scharf	**relevé** [rəlve]
schmecken	**avoir bon goût** [avwar bɔ̃ gu]
Senf	**moutarde, la** [muˈtard]
Service	**service, le** [sɛrˈvis]
Soße	**sauce, la** [sos]
Spezialität des Hauses	**spécialité de la maison, la** [spesjalite də la mɛzɔ̃]
Suppe	**soupe, la** [sup]
Suppenlöffel	**cuillère à soupe, la** [kɥilɛːr‿a sup]
süß	**sucré, e** [sʏkre]
Süßstoff	**édulcorant, l'** [edʏlkorɑ̃]
Tee	**thé, le** [te]
... mit Milch	**... au lait** [o lɛ]
... mit Zitrone	**... au citron** [o sitrɔ̃]
Tomatensuppe	**soupe de tomates, la** [sup də tɔmat]
trinken	**boire** [bwar]
Trinkgeld	**pourboire, le** [purbwar]
trocken	**sec** [sɛk]
Truthahn	**dindonneau, le** [dɛ̃dono]
überbacken	**gratiner** [gratine]
vegetarisch	**végétarien, ne** [veʒetarjɛ̃]
Vorspeise	**entrée, l'** [ɑ̃tre]
Wasser	**eau, l'** [o]
Weinkarte	**carte des vins, la** [kart de vɛ̃]
Weißwein	**vin blanc, le** [vɛ̃ blɑ̃]
Zahnstocher	**cure-dent, le** [kʏrdɑ̃]
zu teuer	**trop cher** [tro ʃeːr]
Zucker	**sucre, le** [sʏkr]

Speisekarte

Heiße Getränke

café au lait, le [kafe o lɛ]
Milchkaffee
café décaféiné, le [kafe dekafeine]
koffeinfreier Kaffee
café noir, le [kafe nwaːr]
schwarzer Kaffee
chocolat chaud, le [ʃokola ʃo]
heiße Schokolade
grog, le [grɔg]
Grog
lait chaud, le [lɛ ʃo]
heiße Milch
thé (au lait/au citron), le [te/o lɛ/o sitrɔ̃]
schwarzer Tee (mit Milch/Zitrone)
tisane aux fruits, la [tizan‿o frɥi]
Früchtetee
tisane, la [tizan]
Kräutertee

Alkoholfreie Getränke

jus d'orange, le [ʒʏ dɔrɑ̃ːʒ]
Orangensaft
... de poires, le [də pwaːr]
Birnensaft
... de pommes, le [də pɔm]
Apfelsaft
... de raisin, le [də rɛzɛ̃]
Traubensaft
... de tomates, le [də tomat]
Tomatensaft

coca, le [koka]
Cola
eau minérale, l' [o mineral]
Mineralwasser
... gazeuse [gazœːz]
kohlensäurehaltiges Wasser
... non gazeuse [nɔ̃ gazœːz]
Wasser ohne Kohlensäure
limonade, la [limɔnad]
Zitronenlimonade
Orangina, l' [ɔrɑ̃ʒina]
Orangenlimonade
Perrier, le [pɛrje]
Mineralwasser mit Kohlensäure

Alkoholische Getränke

apéritif, l' [aperitif]
Aperitif
armagnac, l' [armaɲak]
Armagnac
bière, la [bjɛːr]
Bier
blanquette, la [blɑ̃kɛt]
Sekt aus Limoux
calvados, le [kalvados]
Calvados
champagne, le [ʃɑ̃paɲ]
Champagner
cidre, le/doux/brut [sidr/du/brʏt]
Cidre, mild, trocken
clairette, la [klɛrɛt]
Sekt aus Die
cocktail, le [kɔktɛl]
Cocktail

cognac, le [kɔɲak]
Cognac
crémant, le [kremɑ̃]
Sekt aus Burgund
digestif, le [diʒɛstif]
Digestif
eau-de-vie, l' [odəvi]
Obstler
fine, la [fin]
feiner Weinbrand
gin, le [dʒin]
Gin
kir royal, le [kir rwajaːl]
Kir Royal
kir, le [kir]
Kir
marc, le [mar]
Trester, meist aus Burgund
mousseux, le [musø]
Sekt
rhum blanc, le [rɔm blɑ̃]
weißer Rum
rhum vieux, le [rɔm vjø]
Rum aus dem Fass
rhum, le [rɔm]
Rum
vin blanc, le [vɛ̃ blɑ̃]
Weißwein
vin rouge, le [vɛ̃ ruːʒ]
Rotwein
vodka, la [vɔdka]
Wodka
whisky, le [wiski]
Whisky

Frühstück

baguette, la [bagɛt]
Baguette

beurre salé, le [bœːr sale]
gesalzene Butter

beurre, le [bœːr]
Butter

confiture, la [kɔ̃fityr]
Marmelade

croissant, le [krwasɑ̃]
Croissant

fruit, le [frɥi]
Frucht

jus de fruits, le [ʒy də frɥi]
Obstsaft

miel, le [mjɛːl]
Honig

musli, le [mysli]
Müsli

œuf dur/mollet, l' [œf dyr/mɔlɛ]
hartes/weiches Ei

œufs au plat avec du lard, les [œ o pla avɛk dy lar]
Spiegeleier mit Speck

œufs brouillés, les [œ bruje]
Rührei

pain, le [pɛ̃]
Brot

pain grillé, le [pɛ̃ grije]
getoastetes Brot

petit pain, le [pəti pɛ̃]
Brötchen

porridge, le [pɔridʒ]
Porridge

toast, le [toːst]
Toast
yaourt, le [ˈjaurt]
Joghurt

Vorspeisen

anchoïade, l' [ɑ̃ʃɔjade]
Anchoviscreme
assiette de hors-d'œuvre, l' [asjɛt də ɔrdœvre]
Vorspeisenteller
bouillon de légumes, le [bujɔ̃ də legʏm]
Gemüsebrühe
consommé, le [kɔ̃sɔme]
Fleischbrühe
jambon de Bayonne, le [ʒɑ̃bɔ̃ də bajɔn]
geräucherter Schinken aus dem Baskenland
jambon, le [jɑ̃bɔ̃]
Schinken
olives noires, vertes, les [ɔliv nwaːr vɛrt]
Oliven, schwarze, grüne
radis, les [radi]
Radieschen
saucisson à l'ail, le [sosisɔ̃ a laij]
Knoblauchwurst
saucisson sec, le [sosisɔ̃n sɛk]
an der Luft getrocknete Wurst
saumon fumé, le [somɔ̃ fʏme]
Räucherlachs
tapenade, la [tapenad]
Olivenpaste

Suppen

soupe à l'oseille, la [sup‿a lɔzej]
Sauerampfersuppe

soupe au cerfeuil, la [sup‿o sɛrføj]
Kerbelsuppe
soupe au cresson, la [sup‿o kresɔ̃]
Kressesuppe
soupe de légumes, la [sup də legʏm]
Gemüsesuppe
soupe de pois, la [sup də pwa]
Erbsensuppe
soupe de poisson, la [sup də pwasɔ̃]
Fischsuppe
soupe de tomate, la [sup də tɔmat]
Tomatensuppe

Salate

concombres à la crème, les [kɔ̃kɔ̃br‿a la krɛm]
Gurkensalat mit Crème fraîche
salade de tomates, la [salad də tɔmat]
Tomatensalat
salade panachée, la [salad panaʃe]
gemischter Salat
salade verte, la [salad vɛrt]
grüner Salat

Fleisch

agneau, l' [aɲo]
Lamm
bœuf, le [bœf]
Rind
cerf, le [sɛːr]
Hirsch
chevreuil, le [ʃəvrœːj]
Reh
côtelette, la [kotelɛt]
Kotelett

escalope, l' [ɛskalɔp]
Schnitzel
filet, le [filɛ]
Filet
foie, le [fwa]
Leber
langue, la [lɑ̃g]
Zunge
lapin, le [lapɛ̃]
Kaninchen
lièvre, le [ljɛːvr]
Hase
porc, le [pɔːr]
Schwein
rognons, les [rɔɲɔ̃]
Niere
steak, le [stɛk]
Steak
tripes, les [trip]
Kutteln
veau, le [vo]
Kalb

Geflügel

aile, l' [ɛl]
Flügel
blanc, le [blɑ̃]
Brust
canard, le [kanar]
Ente
cuisse, la [kwis]
Keule
dinde, la [dɛ̃d]
Truthahn

faisan, le [fəzɑ̃]
Fasan

gésier, le [ʒezje]
Magen

oie, l' [wa]
Gans

perdrix, la [pɛrdri]
Rebhuhn

poule, la [pul]
Suppenhuhn

poulet, le [pulɛ]
Hähnchen

Fisch

anguille, l' [ɑ̃gij]
Aal

brandade de morue, la [brɑ̃dad də morʏ]
Stockfisch mit Kartoffeln und Knoblauch püriert

cabillaud, le [kabijo]
Kabeljau

flétan, le [fletɑ̃]
Heilbutt

haddock, le [adɔk]
geräucherter Schellfisch

hareng, le [arɑ̃]
Hering

limande, la [limɑ̃ːd]
Scholle

maquereau, le [makro]
Makrele

maquereaux au vin blanc, les [makro o vɛ̃ blɑ̃]
eingelegte Makrele in Weißwein

morue, la [mɔrʏ]
Stockfisch

perche, la [pɛrʃ]
Barsch
roussette, la [rusɛt]
Seeaal
sardine, la [sardin]
Sardine
sardines à l'huile, les [sardin‿a lɥil]
Ölsardinen
saumon, le [somɔ̃]
Lachs
thon, le [tɔ̃]
Thunfisch
truite saumonée, la [trɥit somɔˈne]
Lachsforelle
truite, la [trɥit]
Forelle
turbot, le [tʏrbo]
Steinbutt

Meeresfrüchte

bouquets, les [bukɛ]
Garnelen
calamar, le [kalamar]
Tintenfisch
coquillages, les [kɔkijaʒ]
Muscheln
coquilles Saint-Jacques [kɔkij sɛ̃ʒak]
Jakobsmuscheln
crabe, le [krab]
Krebs
écrevisse, l' [ekrəvis]
Flusskrebs
homard, le [ɔmaːr]
Hummer

huîtres, les [ɥitr]
Austern
moules, les [mul]
Miesmuscheln

Gemüse und Beilagen

ail, l' [aj] **Knoblauch**
asperges, les [aspɛːrʒ]
Spargel
betterave, la [bɛtrav]
Rote Bete
cèpes, les [sɛp]
Steinpilze
champignons, les [ʃɑ̃pinɔ̃]
Pilze
chou, le [ʃu]
Kohl
épinards, les [epinaːr]
Spinat
flageolets, les [flaʒɔlɛ]
grüne Bohnen
frites, les [frit]
Pommes frites
gratin de pommes de terre/dauphinois, le
[gratɛ̃ də pɔm də tɛr/dofinwa]
Kartoffelauflauf mit Käse überbacken
haricots blancs, les [ariko blɑ̃]
weiße Bohnen
haricots mange-tout, les [ariko mɑ̃ʒtu]
dicke Bohnen
haricots verts, les [ariko vɛr]
grüne Bohnen
morilles, les [mɔrij]
Morcheln

oignons, les [ɔɲɔ̃]
Zwiebeln
petits pois, les [pəti pwa]
grüne Erbsen
poireau, le [pwaro]
Lauch
pois chiche, les [pwa ʃiʃ]
Kichererbsen]
poivron, le [pwavrɔ̃]
Paprika
pommes de terre à l'eau, les [pɔm də tɛr‿a lo]
Salzkartoffeln
pommes de terre sautées, les [pɔm də tɛr sote]
Bratkartoffeln
purée de pommes de terre, la [pyre də pɔm də tɛr]
Kartoffelbrei
riz sauvage, le [ri sovaʒ]
Wildreis
riz, le [ri]
Reis
tomates, les [tomat]
Tomaten

Obst

abricot, l' [abriko]
Aprikose
brugnon, le [bryɲɔ̃]
weiße Nektarine
cassis, le [kasis]
schwarze Johannisbeere
cerise, la [seriz]
Kirsche
citron, le [sitrɔ̃]
Zitrone

clémentine, la [klǝmɑ̃tin]
Clementine
figue, la [fig]
Feige
fraise, la [frɛːz]
Erdbeeren
framboise, la [frɑ̃bwaːz]
Himbeere
fruits secs, les [frɥi sɛk]
Trockenfrüchte
groseille, la [grozɛːj]
rote Johannisbeere
melon, le [mǝlɔ̃]
Melone
mirabelle, la [mirabɛːl]
Mirabelle
mûre, la [myr]
Brombeere
myrtille, la [mirtiːj]
Heidelbeere
nectarine, la [nɛktariːn]
Nektarine
orange, l' [orɑ̃ːʒ]
Orange
pamplemousse, le [pɑ̃plǝmus]
Grapefruit
pastèque, la [pastɛk]
Wassermelone
pêche blanche/jaune/de vigne, la [pɛʃ blɑ̃ːʃ/ʒon/dǝ viɲ]
Pfirsich, weißer, gelber, roter
poire, la [pwaːr]
Birne
pomme, la [pɔm]
Apfel

prune, la [prʏn]
Pflaume
pruneaux d'Agen, les [prʏno daʒɛ̃]
getrocknete Pflaumen aus Agen
quetsche, la [kwɛtʃ]
Zwetschgen
raisin blanc/noir, le [rɛzɛ̃ blɑ̃/nwar]
Trauben, weiße, blaue
reine-claude, la [rɛnclod]
Reneklode

Dessert

gâteau, le [gato]
Kuchen
glace panachée, la [glas panaʃe]
gemischtes Eis
petits choux, les [pətit ʃu]
Brandteiggebäck mit Hagelzucker
petits fours, les [pətit fur]
exquisites Kleingebäck
salade de fruits, la [salad də frɥi]
Obstsalat
tarte, la [tart]
Obstkuchen
vacherin, le [vaʃrɛ̃]
Baisertorte mit Eis und Sahne

Käse

camembert, le [kamɑ̃bɛr]
Camembert
fromage de brebis, le [froma:ʒ də brebi]
Schafskäse
fromage de chèvre, le [froma:ʒ də ʃevr]
Ziegenkäse

Snacks

crêpe, la [krɛːp]
dünner Pfannkuchen
... beurre-sucre [bœːrsʏkr]
... mit Butter und Zucker
... flambée [flɑ̃mbe]
... flambiert
croque-madame, le [krɔkmadam]
Toast mit Schinken, Käse und Ei
croque-monsieur, le [krɔkməsjø]
Toast mit Schinken und Käse
galette de sarasin, de blé noir
[galɛt də sarazɛ̃/də ble nwar]
Buchweizenpfannkuchen aus der Bretagne
... jambon-oeuf [ʒɑ̃bɔ̃œf]
... mit Schinken und Ei
pain bagnat, le [pɑ̃baɲa]
Sandwich, gefüllt mit Nizza-Salat
pissaladière, la [pisaladjɛːr]
Pizza aus Nizza
quiche lorraine, la [kiʃ lɔrɛːn]
Quiche
sandwich ... [sɑ̃dwitʃ o]
Sandwich ...
... au fromage [frɔmaːʒ]
... mit Käse
... au jambon beurre [ʒɑ̃bɔ̃ bœːr]
... mit Schinken mit Butter
... au saucisson [sosisɔ̃]
... mit Wurst
... aux rillettes [o rjɛt]
... mit Schweinefleischpastete
tarte aux oignons [tar‿oz‿ɔɲɔ̃]
Zwiebelkuchen

Wetter

Wie soll heute/morgen das Wetter werden?
Quel temps fera-t-il aujourd'hui/demain?
[kɛl tɑ̃ fəratil ojurdɥi/dəmɛ̃]

Es bleibt schön/schlecht.
Il fera beau/mauvais. [il fəra bo/movɛ]

Es wird besser/schlechter.
Le temps s'améliore/se détériore.
[lə tɑ̃ sameliɔr/sə deteriɔr]

Es sieht nach Regen aus.
Il va bientôt pleuvoir. [il va bjɛ̃to plœˈvwaːr]

Es soll heute noch ein Gewitter geben.
Il paraît qu'il va y avoir un orage aujourd'hui.
[il parɛ kil va i avwar ɛ̃‿ɔraːʒ ojurˈdɥi]

Heute war es den ganzen Tag sehr warm/kalt.
Il a fait très chaud/froid toute la journée.
[il a fɛ trɛ ʃo/frwa tut la ʒuːrne]

Wie viel Grad haben wir heute?
Il y a combien de degrés aujourd'hui?
[il ija kɔ̃bjɛ̃ də dəgre ojurdɥi]

Es sind ... Grad. **Il fait ... degrés.** [il fɛ ... degre]

Die Sonne scheint. **Il y a du soleil.** [il ija dʏ soˈlɛj]

Es regnet/schneit. **Il pleut/neige.** [il plø/nɛʒ]

Die Straßen sind glatt. **Il y a du verglas.** [il ija dʏ vergla]

Es ist sehr windig.
Il y a beaucoup de vent. [il ija boku də vɑ̃]

Vokabeln

bewölkt	**nuageux** [nɥaʒø]
Blitz	**foudre, la** [fudr]
diesig	**brumeux** brʏmø]
Donner	**tonnerre, le** [tɔnɛːr]
eisig	**glacial** [glasjal]
Frost	**gel, le** [ʒɛːl]
Gewitter	**orage, l'** [ɔraːʒ]
Glatteis	**verglas, le** [vɛrˈgla]
Hagel	**grêle, la** [grɛːl]
heiß	**chaud** [ʃo]
kalt	**froid** [frwa]
kühl	**frais** [frɛ]
Luft	**air, l'** [ɛːr]
nass	**mouillé, e** [muje]
nebelig	**brumeux** [brʏmø]
Regen	**pluie, la** [plɥi]
regnerisch	**pluvieux** [plʏvjø]
Schnee	**neige, la** [nɛːʒ]
schwül	**lourd** [lur]
sonnig	**ensoleillé** [ɑ̃solɛje]
Sturm	**tempête, la** [tɑ̃pɛt]
stürmisch	**gros temps** [gro tɑ̃]
Tauwetter	**dégel, le** [deʒɛːl]
Temperatur	**température, la** [tɑ̃peratʏr]
Tief	**dépression, la** [deprɛsjɔ̃]
trocken	**sec** [sɛk]
warm	**chaud, e** [ʃo]
wechselhaft	**variable** [varjabl]
Wetterbericht	**bulletin météorologique, le** [bʏltɛ̃ meteoroloʒik]
Wind	**vent, le** [vɑ̃]

Notfälle

Wo ist hier die Polizei?
Où se trouve le poste de police? [u sə truv lə pɔst də polis]

Bitte rufen Sie die Polizei.
Appelez la police, s'il vous plaît. [aple la polis sil vu plɛ]

Man hat mir meine Papiere gestohlen.
On m'a volé mes papiers. [ɔ̃ ma vole me papje]

Man hat mein Auto aufgebrochen.
Ma voiture a été fracturée. [ma vwatʏr a ete fraktʏre]

Es hat einen Unfall gegeben.
Il y a eu un accident. [ilija ʏ ɛ̃ aksidɑ̃]

Rufen Sie schnell einen Krankenwagen und die Polizei.
Appelez vite une ambulance et la police.
[aple vit ʏn ɑ̃bʏlɑ̃s e la polis]

Es ist nicht meine Schuld gewesen.
Je n'étais pas en faute. [ʒə netɛ paz‿ɑ̃ foːt]

Der andere hat die Vorfahrt missachtet.
L'autre personne m'a refusé la priorité.
[lotrə pɛrson ma rəfʏze la prijɔriˈte]

Sie sind zu schnell gefahren.
Vous rouliez trop vite. [vu rulje tro vit]

Sie sind zu dicht aufgefahren und konnten nicht mehr rechtzeitig bremsen.
Vous avez talonné le véhicule qui vous précédait et vous n'avez pas pu freiner à temps.
[vuz‿ave talone le veikʏl ki vu presedɛ e vu nave pa pʏ frene a t ɑ̃]

Bitte geben Sie mir Ihren Namen und Ihre Adresse.
Vos coordonnés, s'il vous plaît. [vo koɔrdɔne sil vu plɛ]

Haben Sie ein Formular für die Unfallaufnahme?
Vous avez un constat à l'amiable?
[vuz‿ave ɛ̃ kɔ̃sta a lamjabl]

Bitte geben Sie mir den Namen Ihrer Versicherung und Ihre Versicherungsnummer.
Vous avez une attestation d'assurance, sil vous plaît?
[vuz‿ave ʏn atestasjɔ̃ dasʏˈrɑ̃s sil vu plɛ]

Können Sie eine Zeugenaussage machen?
Pouvez-vous témoigner? [puvevu temwaɲe]

Ich möchte, dass wir die Polizei holen.
Je tiens à faire venir la police. [ʒə tjɛ̃ a fɛr vənir la polis]

Bitte kommen Sie schnell.
Venez vite, s'il vous plaît. [vəne vit sil vu plɛ]

Ich bin verprügelt worden.
J'ai été roué/e de coups,. [ʒɛ ete rue də ku]

Ich bin unschuldig.
Ce n'est pas ma faute. [se nɛ pa ma foːt]

Hier brennt es! Il y a le feu/Au feu! [ilija lə fø/o fø]

Wir sind in unserem Zimmer eingesperrt.
Nous sommes enfermés dans notre chambre.
[nu sɔmz‿ɑ̃fɛrme dɑ̃ nɔtrə ˈʃɑ̃brə]

Bitte unterschreiben Sie hier.
Veuillez signer ici. [vœje siɲe isi]

Sie müssen dieses Formular ausfüllen.
Vous devez remplir ce formulaire.
[vu dəve rɑ̃plir se fɔrmʏˈlɛr]

Vokabeln

Anwalt	**avocat, l'** [avɔka]
Anzeige	**plainte, la** [plɛ̃t]
anzeigen	**porter plainte** [pɔrte plɛ̃t]
aufbrechen	**fracturer** [fraktʏˈre]
Autoradio	**autoradio, l'** [otoradjo]
belästigen	**importuner** [ɛ̃pɔrtʏne]
beobachten	**observer** [ɔbserve]
Bescheinigung	**attestation, l'** [atestasˈjɔ̃]
Dieb	**voleur, le** [vɔlœːr]
Drehleiter	**échelle orientable, l'** [eʃɛl orjɑ̃tabl]
Feuerwehr	**pompiers, les** [pɔ̃pje]
Geldbeutel	**porte-monnaie, le** [pɔrtmɔnɛ]
Handtasche	**sac à main, le** [sak‿a mɛ̃]
Konsulat	**consulat, le** [kɔ̃sʏla]
Löschzug	**véhicules de lutte contre l'incendie,les** [veikʏl də lʏt kɔ̃tr lɛ̃sɑ̃ˈdi]
Sanitäter	**secouriste, le/la** [səkuˈrist]
Schlägerei	**bagarre, la** [bagar]
Sprungtuch	**toile/bâche de sauvetage, la** twal/baʃ də sovtaʒ]
Strafzettel	**contravention, la** [kɔ̃travɑ̃sjɔ̃]
Täter	**coupable/malfaiteur, le** [kupabl/malfɛtœr]
Überfall	**attaque/agression, l'** [atak/agrɛsjɔ̃]
Verletzte, -er, -e	**blessé/e/(e)s** [blese]
Versicherung	**assurance, l'** [asʏrɑ̃s]
wertvoll	**précieux, se** [presjø/z]
Zeuge	**témoin, le** [temwɛ̃]

Gesundheitliche Probleme

Rufen Sie bitte einen Notarzt.
Apellez le SAMU, sil vous plaît. [aple lə samʏ sil vu plɛ]

Welche Apotheke hat Nachtdienst/Bereitschaft?
Quelle est la pharmacie de garde?
[kɛl ɛ la farmaˈsi də gaːrd]

Haben Sie etwas gegen ...?
Avez-vous un remède contre ... ? [avevu ɛ̃ remɛd kɔ̃tr]

Das haben wir im Moment nicht vorrätig.
Nous ne l'avons pas en stock. [nu nə lavɔ̃ pa en stɔk]

Das müssen wir bestellen.
Il va falloir le commander. [il va falwar lə kɔmɑ̃ˈde]

Haben Sie ein Rezept dafür?
Vous avez une ordonnance? [vuz‿ave ʏn ɔrdonɑ̃s]

Können Sie mir einen guten Allgemeinarzt empfehlen?
Pourriez-vous me recommander un généraliste?
[purjevu me rəkɔmɑ̃de ɛ̃ ʒeneralist]

Geben Sie mir bitte einen Termin.
Je voudrais prendre rendez-vous, s'il vous plaît.
[ʒə vudrɛ prɑ̃dr rɑ̃devu sil vu plɛ]

Hier tut es weh. **J'ai mal ici.** [ʒɛ mal‿isi]

Ich bin erkältet. **J'ai un rhume.** [ʒɛ ɛ̃ rʏm]

Ich habe Atembeschwerden.
J'ai du mal à respirer. [ʒɛ dʏ mal‿a rɛspiˈre]

Ich habe starke Kopf-/Halsschmerzen.
J'ai très mal à la tête/gorge. [ʒɛ trɛ mal‿a la tɛt/gɔrʒ]

Ich habe mich (die ganze Nacht) übergeben müssen.
J'ai dû rendre toute la nuit. [ʒɛ dʏ rɑ̃dr tut‿la nɥi]

Mir ist schlecht/schwindelig.
J'ai mal au cœur/j'ai des vertiges.
[ʒɛ mal‿o kœr/ʒɛ de vɛrtiʒ]

Ich bin ohnmächtig geworden.
Je me suis évanoui/e. [ʒə mə swi evanˈwi]

Ich bin gestürzt. **Je suis tombé/e.** [ʒə swi tɔ̃be]

Ich kann den Arm/das Bein nicht mehr bewegen.
Je ne peux plus bouger le bras/la jambe.
[ʒə nə pø plʏ buʒe lə bra/la ʒɑ̃b]

Mich hat ein Hund/eine Schlange gebissen.
J'ai été mordu(e) par un chien/serpent.
[ʒɛ ete mɔrdʏ par‿ɛ̃ ʃjɛ̃/sɛrˈpɑ̃]

Ich bin auf ... allergisch.
Je suis allergique au/à la/aux ...
[ʒə swiz‿alɛrʒik‿o/a la/o]

Ich bin (nicht) gegen ... geimpft.
Je (ne suis pas) vacciné/e contre le/la ...
[ʒə nə swi pa vaksine kɔ̃ntr lə/la]

Ich bin Diabetiker. **Je suis diabétique.** [ʒə swi djabetik]

Ich bin im ... Monat schwanger.
Je suis enceinte de ... mois. [ʒə swiz‿ɑ̃sɛ̃t də … mwa]

Vor kurzem hatte ich ...
Il n'y a pas longtemps, j'ai souffert de ...
[il nija pa lɔ̃tɑ̃ ʒɛ sufɛr də]

Was ist die Diagnose?
Quel est le diagnostic? [kɛl ɛ lə diagnostik]

Ich möchte die Behandlung in Deutschland fortsetzen.
Je voudrais poursuivre le traitement en Allemagne.
[ʒə vudrɛ pursɥivr lə trɛtˈmɑ̃ ɑ̃n‿alˈmaɲ]

Meine Versicherung wird sich um den Rücktransport kümmern.
Mon assurance va se charger du rapatriement.
[mɔ̃n‿asʏrɑ̃s va sə ʃarʒe dʏ rapatriˈmɑ̃]

Bitte informieren Sie meine Familie.
Pourriez-vous informer ma famille?
[purjevu ɛ̃fɔrme ma famiːj]

Bitte geben Sie mir etwas gegen meine Schmerzen/zum Einschlafen.
Puis-je avoir un analgésique/somnifère?
[pɥiʒ‿avwar ɛ̃ analʒesik/sɔmnifɛr]

Ich möchte auf eigene Verantwortung gehen.
Je pars à mes risques et périls.
[ʒə par‿a mɛ riskəz‿e peril]

Kommen Sie bitte um ... Uhr.
Venez à ... heures. [vəne a … œːr]

Haben Sie Schmerzen?
Vous avez des douleurs? [vuz‿ave de dulœːr]

Wo tut es weh?
Où est-ce que vous avez mal? [u ɛs kə vuz‿ave mal]

Sind Sie allergisch gegen ...?
Êtes-vous allergique au/à la/aux ...?
[ɛtvu alɛrʒik‿o/a la/o]

Sind Sie gegen irgendwelche Medikamente allergisch?
Êtes-vous allergique à des médicaments?
[ɛtvu alɛrʒik‿a de medikamɑ̃]

Im Ernstfall

Machen Sie sich bitte oben herum frei.
Mettez-vous torse nu, s'il vous plaît.
[metevu tɔrsə nʏ sil vu plɛ]

Sind Sie gegen Tetanus geimpft?
Vous êtes vacciné/e contre le tétanos?
[vuz‿ɛt vaksine kɔ̃tr lə tetanɔs]

Ich muss Ihnen Blut abnehmen.
Je dois vous faire une prise de sang.
[ʒə dwa vu fɛr‿ʏn priz de sɑ̃]

Sie brauchen mehrere Tage Bettruhe.
Il vous faut quelques jours de repos.
[il vu fo kɛlk ʒur də rəˈpo]

Sie müssen in ein Krankenhaus.
Vous devez être hospitalisé/e.
[vu deve ɛtr‿ɔspitalize]

Dafür möchte ich keine Verantwortung übernehmen.
Je ne veux pas en assumer la responsabilité.
[ʒə nə vø paz‿ɑ̃ asʏme la rɛspɔ̃sabilite]

Kommen Sie bitte nächste Woche zum Fädenziehen.
Venez la semaine prochaine pour vous faire retirer les fils.
[vəne la səmɛn proʃɛn puːr vu fɛr rətiˈre le fil]

Der Arm ist wahrscheinlich gebrochen.
Le bras a l'air d'être cassé.
[lə bra a lɛr dɛtr kase]

Wir müssen den Fuß röntgen.
Il va falloir faire une radio du pied.
[il va falwar fɛr‿ʏn radjo dʏ pje]

Sie bekommen einen Gips.
Vous aurez un plâtre. [vuz‿ɔre ɛ̃ plɑtr]

Sie müssen operiert werden.
Vous devez être opéré. [vu dəvez‿ɛtr‿ɔpere]

Ich muss zum Zahnarzt.
Je dois aller chez le dentiste.
[ʒə dwa ale ʃe lə dɑ̃tist]

Dieser Zahn hier tut weh.
Cette dent me fait très mal. [sɛt dɑ̃ mə fɛ trɛ mal]

Mir ist eine Füllung herausgefallen.
J'ai perdu un plombage. [ʒɛ pɛrdʏ ɛ̃ plɔ̃baːʒ]

Ich habe eine Krone verloren.
J'ai perdu une couronne. [ʒɛ pɛrdʏ ʏn kurɔn]

Ich habe mir einen Zahn ausgeschlagen.
Je me suis cassé une dent.
[ʒə mə swi kase ʏn dɑ̃]

Bitte behandeln Sie mich nur mit/ohne Spritze.
Faites-moi une/Ne me faites pas de piqûre, s'il vous plaît.
[fɛtmwa ʏn/nə mə fɛt pa də piˈkʏr sil vu plɛ]

Öffnen Sie den Mund.
Ouvrez la bouche. [uvre la buʃ]

Ich muss den Zahn ziehen.
Je dois retirer la dent. [ʒə dwa rətire la dɑ̃]

Sie haben ein Loch im Zahn.
Vous avez une carie. [vuz‿ave ʏn kari]

Bitte essen Sie in den nächsten zwei Stunden nichts.
Il ne faudra rien manger pendant les deux heures qui viennent.
[il nə fodra rjɛ̃ mɑ̃ʒe pɑ̃dɑ̃ le døz‿œːr ki vjɛn]

Vokabeln

Körperteile und -funktionen

Achsel	aisselle, l' [esɛl]
Ader	veine, la [vɛn]
Arm	bras, le [bra]
Atmung	respiration, la [rɛspirasjɔ̃]
Auge	œil, l' [œːj]
Augenlid	paupière, la [popjɛːr]
Backenzahn	molaire, la [molɛr]
Bandscheibe	disque (intervertébral), le [disk ɛ̃tɛrvɛrteˈbral]
Bauch	ventre, le [vɑ̃tr]
Becken	bassin, le [basɛ̃]
Bein	jambe, la [ʒɑ̃b]
Blase	vessie, la [vɛsi]
Blinddarm	appendice, l' [apɛ̃dis]
Blut	sang, le [sɑ̃]
Blutdruck	tension (artérielle), la [tɑ̃sjɔ̃ arteriɛl]
Bronchien	bronches, les [brɔ̃ʃ]
Brust	poitrine, la [pwatrin]
Darm	intestin, l' [ɛ̃testɛ̃]
Daumen	pouce, la [pus]
Ellenbogen	coude, le [kud]
Ferse	talon, le [talɔ̃]
Finger	doigt, le [dwa]
Fuß	pied, le [pje]
Galle	bile, la [bil]
Gallenblase	vésicule biliaire, la [veziˈkʏl biljɛr]
Gaumen	palais, le [palɛ]
Gebiss	dentition, la [dɑ̃tisjɔ̃]

Gehirn	**cerveau, le** [sɛrvo]
Gelenk	**articulation, l'** [artikʏlasjɔ̃]
Genick	**nuque, la** [[nʏk]
Geschlechts-organe	**organes génitaux, les** [ɔrgan ʒenito]
Gesäß	**postérieur, le** [pɔsterjœːr]
Gesicht	**visage, le** [vizaːʒ]
Haare	**cheveux, les** [ʃevø]
Hals	**cou, le/gorge, la** [ku/gorʒ]
Hand	**main, la** [mɛ̃]
Handgelenk	**poignet, le** [pwaɲɛ]
Haut	**peau, la** [po]
Herz	**cœur, le** [kœːr]
Hoden	**testicules, les** [tɛstikʏl]
Hüfte	**hanche, la** [ɑ̃ʃ]
Kehlkopf	**larynx, le** [larɛ̃ks]
Kiefer	**mâchoire, la** [maʃwar]
Kieferhöhle	**sinus maxillaire, le** [sinʏs maksilɛr]
Kinn	**menton, le** [mɑ̃tɔ̃]
Knie	**genou, le** [ʒənu]
Kniescheibe	**rotule, la** [rɔtʏl]
Knöchel	**cheville, la** [ʃəviːj]
Knochen	**os, l'** [ɔs]
Kopf	**tête, la** [tɛt]
Körper	**corps, le** [kɔr]
Kreislauf	**circulation, la** [sirkʏlasjɔ̃]
Leber	**foie, le** [fwa]
Lippe	**lèvre, la** [lɛvr]
Lunge	**poumons, les** [pumɔ̃]
Lymphknoten	**ganglion lymphatique, le** [gɑ̃gljɔ̃ lɛ̃faˈtik]
Magen	**estomac, l'** [ɛstɔˈma]

Mandeln	**amygdale, l'** [amidal]
Menstruation	**menstruation, la** [mɑ̃strʏasjɔ̃]
Milz	**rate, la** [rat]
Mund	**bouche, la** [buːʃ]
Muskel	**muscle, le** [mʏskl]
Nacken	**nuque, la** [nʏk]
Nagel	**ongle, l'** [ɔ̃gl]
Nase	**nez, le** [ne]
Nebenhöhlen	**sinus, le** [sinʏs]
Nerv	**nerf, le** [nɛr]
Netzhaut	**rétine, la** [retin]
Nieren	**rein, le** [rɛ̃]
Oberschenkel	**cuisse, la** [kwis]
Ohr	**oreille, l'** [ɔreːj]
Penis	**pénis, le** [penis]
Rippe	**côte, la** [coːt]
Rücken	**dos, le** [do]
Rückenmark	**moelle épinière, la** [mwal epinjɛr]
Schädel	**crâne, le** [kran]
Scheide	**vagin, le** [vaˈʒɛ̃]
Schienbein	**tibia, le** [tibˈja]
Schilddrüse	**thyroïde, la** [tiroiːd]
Schläfe	**tempe, la** [tɑ̃p]
Schleimbeutel	**capsule synoviale, la** [kapsʏl sinovˈjaːl]
Schleimhaut	**muqueuse, la** [mʏˈkøːz]
Schlüsselbein	**clavicule, la** [klaviˈkʏl]
Schneidezahn	**incisive, l'** [ɛ̃siˈziːv]
Schulter	**épaule, l'** [epol]
Schulterblatt	**omoplate, l'** [omoplat]
schwanger	**enceinte** [ɑ̃ˈsɛ̃t]

Schwangere	**femme enceinte, la** [fɛm‿ɑ̃ˈsɛ̃t]
Schwangerschaft	**grossesse, la** [grosɛs]
Sehne	**tendon, le** [tɑ̃dɔ̃]
Spann	**cou-de-pied, le** [kudpje]
Speiseröhre	**œsophage, l'** [ozoˈfaːʒ]
Stirn	**front, le** [frɔ̃]
Stirnhöhlen	**sinus frontal, le** [sinʏs frɔ̃tal]
Stoffwechsel	**métabolisme, le** [metaboˈlism]
Stuhlgang	**selles, les** [sɛl]
Trommelfell	**tympan, le** [tɛ̃pɑ̃]
Unterleib	**bas-ventre, le** [bavɑ̃tr]
Urin	**urine, l'** [ʏrin]
Vene	**veine, la** [vɛn]
Verdauung	**digestion, la** [diʒɛsˈtjɔ̃]
Wade	**mollet, le** [molɛ]
Wange	**joue, la** [ʒu]
Weisheitszahn	**dent de sagesse, la** [dɑ̃ də saʒɛs]
Wirbel	**vertèbre, la** [vɛrtɛbr]
Wirbelsäule	**colonne vertébrale, la** [kolɔn vɛrteˈbral]
Zahn	**dent, la** [dɑ̃]
Zahnfleisch	**gencive, la** [ʒɑ̃ˈsiv]
Zehe	**orteil, l'** [ɔrˈtej]
Zunge	**langue, la** [lɑ̃g]

Krankheiten und Symptome

Abszess	**abcès, l'** [absɛ]
Aids	**SIDA, le** [sida]
Allergie	**allergie, l'** [alɛrˈʒi]

Angina	**angine, l'** [ɑ̃ˈʒin]
Asthma	**asthme, l'** [asm]
Atembeschwerden	**problèmes respiratoires, les** [problɛm rɛspiraˈtwar]
Ausschlag	**éruption cutanée, l'** [erʏpˈsjɔ̃ kʏtaˈne]
Bänderriss	**rupture de ligaments, la** [rʏptʏr də ligaˈmɑ̃]
Bindehaut-entzündung	**conjonctivite, la** [kɔ̃ʒɔ̃ktiˈvit]
Biss	**morsure, la** [mɔrˈsʏr]
Blähungen	**ballonnements, les** [balɔnmɑ̃]
Blase	**ampoule, l'/cloque, la** [ɑ̃pul/clɔk]
Blasenentzündung	**cystite, la** [sistit]
Blinddarm-durchbruch	**perforation de l'appendice, la** [pɛrfɔraˈsjɔ̃ də lapɛ̃ˈdis]
Blinddarm-entzündung	**appendicite, l'** [apɛ̃disit]
Blinddarmreizung	**irritation de l'appendice, l'** [iritasjɔ̃ də lapɛ̃ndis]
Blutdruck, hoher	**hypertension, la** [ipɛrtɑ̃sjɔ̃]
Blutdruck, niedriger	**hypotension, la** [ipotɑ̃sjɔ̃]
Bluterguss	**hématome, l'** [emaˈtom]
Blutung	**saignement, le/hémorragie, l'** [sɛɲəmɑ̃/emoraˈʒi]
Blutvergiftung	**septicémie, la** [sɛptisemi]
Bronchitis	**bronchite, la** [brɔ̃sit]
Bruch	**fracture, la** [frakˈtʏr]
Diabetes	**diabète, la** [djaˈbɛt]
Diabetiker	**diabétique, le** [djabeˈtik]

Diphtherie	**diphtérie, la** [difteˈri]
Durchfall	**diarrhée, la** [djare]
Eiter	**pus, le** [pʏ]
Ekzem	**ekzéma, l'** [ekzema]
Entzündung	**inflammation, l'** [ɛ̃flamaˈsjɔ̃]
Erbrechen	**vomissement, le** [vomisˈmɑ̃]
Erkältung	**rhume, le** [rʏm]
Fieber	**fièvre, la** [fjɛːvr]
Gallenstein	**calcul biliaire, le** [kalkʏl biljɛr]
Gehirnerschütterung	**commotion cérébrale, la** [komosjɔ̃ serebral]
Gelenkschmerzen	**douleurs articulaires, les** [dulœːr artikʏlɛːr]
Geschlechtskrankheit	**maladie sexuellement transmissible, la/M. S. T., la** [maladi sɛksɥɛlmɑ̃ trɑ̃smisibl]
Geschwür	**abcès, l'** [absɛ]
Grippe	**grippe, la** [grip]
Hämorrhoiden	**hémorroïdes, les** [emorɔˈiːd]
Halsschmerzen	**maux de gorge, les** [mo də goːrʒ]
Hals, steifer	**avoir le torticolis** [avwar lə tɔrtikɔli]
Hautausschlag	**éruption cutanée, l'** [erʏpˈsjɔ̃ kʏtaˈne]
Heiserkeit	**enrouement, l'** [ɑ̃ruˈmɑ̃]
Hepatitis	**hépatite, l'** [epaˈtit]
Herpes	**herpès, l'** [ɛrˈpɛs]
Herzanfall	**crise cardiaque, la** [kriz kardiak]
Herzfehler	**déficience cardiaque, la** [defisjɑ̃s kardiak]
Herzinfarkt	**infarctus, l'** [ɛ̃farktʏs]

Heuschnupfen	**rhume des foins, le** [rʏm de fwɛ̃]
Hexenschuss	**lumbago, le** [lɛ̃bago]
Husten	**toux, la** [tu]
Infektion	**infection, l'** [ɛ̃fɛksjɔ̃]
Juckreiz	**démangeaison, la** [demɑ̃ʒɛˈzɔ̃]
Karies	**carie, la** [kari]
Keuchhusten	**coqueluche, la** [kɔklʏʃ]
Kinderlähmung	**poliomyélite, la** [poljomjeˈlit]
Kolik	**colique, la** [kolik]
Kopfschmerzen	**maux de tête, les** [mo də tet]
Krampf	**crampe, la** [krɑ̃p]
Krankheit	**maladie, la** [malaˈdi]
Krebs	**cancer, le** [kɑ̃ˈser]
Kreislaufstörung	**troubles circulatoires, les** [trubl sirkʏlaˈtwar]
Lähmung	**paralysie, la** [paralizi]
Lebensmittelvergiftung	**intoxication alimentaire, l'** [ɛ̃toksikasjɔ̃ alimɑ̃tɛr]
Leistenbruch	**hernie inguinale, l'** [ɛrni ɛ̃gɥiˈnal]
Leukämie	**leucémie, la** [løsemi]
Lungenentzündung	**pneumonie, la** [pnømɔni]
Magenschmerzen	**maux d'estomac, les** [mo dɛstoˈma]
Mandelentzündung	**amygdalite, l'** [amidaˈlit]

Masern	**rougeole, la** [ruˈʒɔl]
Menstruations-beschwerden	**règles douloureuses, les** [rɛgl duluˈrøz]
Migräne	**migraine, la** [miˈgrɛn]
Mittelohr-entzündung	**otite, l'** [oˈtit]
Müdigkeit	**fatigue, la** [faˈtig]
Multiple Sklerose	**sclérose en plaques, la** [skleroz‿ɑ̃ plak]
Mumps	**oreillons, les** [ɔreˈjɔ̃]
Muskelfaserriss	**déchirure du muscle, la** [desiʀʏʀ dʏ mʏskl]
Muskelzerrung	**froissement de muscle, le** [frwasmɑ̃ də mʏskl]
Nebenhöhlen-entzündung	**sinusite, la** [sinʏˈsit]
Neurodermitis	**neurodermite, la** [nørodɛrˈmit]
Nierenkolik	**colique néphrétique, la** [kolik nefreˈtik]
Nierenstein	**calcul rénal, le** [kalkʏl reˈnal]
Ohnmacht	**évanouissement, l'** [evanwisˈmɑ̃]
Ohrenschmerzen	**maux d'oreilles, les** [mo dɔrej]
Parodontose	**parodontose, la** [parodɔ̃ˈtɔz]
Pilz	**mycose, la** [mikoz]

Prellung	**contusion, la** [kɔ̃tʏˈzjɔ̃]
Rheuma	**rheumatisme, le** [rʏmaˈtism]
Röteln	**rubéole, la** [rʏbeɔl]
Rückenschmerzen	**douleurs dorsales/ dans le dos, les** [dulœːr dɔrsal/dɑ̃ lə do]
Salmonellen-vergiftung	**salmonellose, la** [salmonɛˈloz]
Scharlach	**scarlatine, la** [skarlaˈtin]
Schlaganfall	**attaque d'apoplexie, l'** [atak dapopleˈksi]
Schmerzen	**douleurs, les** [dulœːr]
Schnupfen	**rhume, le** [rʏm]
Schock	**choc, le** [ʃɔk]
Schüttelfrost	**frissons, les** [frisɔ̃]
Schweißausbruch	**accès de transpiration, l'** [aksɛ də transpiraˈsjɔ̃]
Schwindel	**vertige, le** [vɛrtiʒ]
Sehnenzerrung	**déchirure des tendons, la** [deʃirʏr de tɑ̃ˈdɔ̃]
Sehstörungen	**troubles visuels, les** [trubl viˈzɥɛl]
Sodbrennen	**brûlures d'estomac, les** [brʏlʏr dɛstoˈma]
Sonnenbrand	**coup de soleil, le** [kud‿solɛːj]
Sonnenstich	**insolation, l'** [ɛ̃sɔlaˈsjɔ̃]
Stich	**piqûre, la** [piˈkʏːr]
Tetanus	**tétanos, le** [tetaˈnɔs]

Tuberkulose	**tuberculose, la** [tʏbɛrkʏˈloz]
Übelkeit	**nausée, la** [noˈze]
Unterleibs-schmerzen	**maux de ventre, les** [mo də vɑ̃tr]
Verbrennung	**brûlures, les** [brʏˈlʏːr]
verletzt	**blessé, e** [bleˈse]
Verletzung	**blessure, la** [blɛˈsʏːr]
verrenkt	**déboité** [debwaˈte]
verschoben	**déplacé, e** [deplaˈse]
verstaucht	**foulé, e** [fule]
Verstauchung	**foulure, la** [fuˈlʏːr]
Verstopfung	**constipation, la** [kɔ̃stipaˈsjɔ̃]
Windpocken	**varicelle, la** [variˈsɛl]
Wunde	**plaie, la** [plɛ]
Zahnfleisch-entzündung	**inflammation des gencives, l'** [ɛ̃flamasjɔ̃ de ʒɑ̃siv]
Zahnschmerzen	**mal de dents, le** [mal də dɑ̃]
Zahnstein	**tartre, le** [tartr]

Ärzte und Behandlung

Abdruck	**empreinte, l'** [ɑ̃ˈprɛ̃t]
Abstrich	**frottis, le** [froˈti]
Ampulle	**ampoule, l'** [ɑ̃ˈpul]
Augenarzt	**oculiste, l'** [okʏlist]
äußerlich	**externe** [ɛkstɛrn]
Bandage	**bandage, le** [bɑ̃daʒ]
Bluttransfusion	**transfusion, la** [trɑ̃sfʏˈzjɔ̃]
Brücke	**bridge, le** [ˈbridʒ]
Bypass	**bypass, le** [ˈbajpas]
Chirurg	**chirurgien, le** [ʃirʏrˈʒjɛ̃]
Diagnose	**diagnostic, le** [diagnosˈtik]

Facharzt	**spécialiste, le** [spesiaˈlist]
Frauenarzt	**gynécologue, le** [ʒinekoˈlɔg]
Füllung	**plombage, le** [plɔ̃ˈbaːʒ]
Gips	**plâtre, le** [plaːtr]
Hals-Nasen-Ohren-Arzt	**oto-rhino-laryngologiste, l'** [otorinolarɛ̃goloʒist]
Hautarzt	**dermatologue, le** [dɛrmatoˈlɔg]
Herzschrittmacher	**pacemaker, le** [pɛsmɛkœːr]
Impfpass	**carnet de vaccinations, le** [karne də vaksinaˈsjɔ̃]
Impfung	**vaccin, le** [vaˈksɔ̃]
Infusion	**perfusion, la** [pɛrfʏˈzjɔ̃]
Inlay	**inlay, l'** [inlɛ]
Kinderarzt	**pédiatre, le** [pediatr]
Krankenhaus	**hôpital, l'** [opitaːl]
Krankenkasse	**caisse d'assurance-maladie, la** [kɛs dasʏrɑ̃s maladi]
Krankenschein	**feuille de prise en charge, la** [føj də priz‿ɑ̃ ʃarʒ]
Krankenschwester	**infirmière, l'** [ɛ̃firmjɛr]
Krone	**couronne, la** [kurɔn]
Krücken	**béquilles, les** [bekiːj]
Kunststofffüllung	**obturation en composite, l'** [ɔbtʏrasjɔ̃ ɑ̃ kɔ̃ pozit]
nähen	**recoudre** [rəkudr]
Naht	**suture, la** [sʏtʏːr]
Ohrentropfen	**gouttes auriculaires, les** [gut‿orikʏlɛr]
Operation	**opération, l'** [ɔperasjɔ̃]

Orthopäde	**orthopédiste, l'** [ɔrtopedist]
Pfleger	**infirmier, l'** [ɛ̃firmje]
Plombe	**plombage, le** [plɔ̃baʒ]
Porzellanfüllung	**obturation en céramique, l'** [ɔbtʏrasjɔ̃ ɑ̃ seramik]
praktischer Arzt	**omnipraticien, l'** [ɔmniprasti'sjɛ̃]
Praxis	**cabinet, le** [kabinɛ]
Provisorium	**prothèse d'attente, la** [prɔtɛz da'tɑ̃t]
röntgen	**radiographier** [radjogra'fje]
Röntgenbild	**radiographie, la** [radiogra'fi]
Schiene	**gouttière, la** [gut'jɛr]
Spezialist	**spécialiste, le** [spesia'list]
Spritze	**piqûre, la** [pikʏːr]
Termin	**rendez-vous, le** [rɑ̃devu]
Tierarzt	**vétérinaire, le** [veteri'nɛr]
Ultraschall	**échographie, l'** [ekogra'fi]
Untersuchung	**examen, l'** [eksamɛ̃]
Urinprobe	**prélèvement d'urine, le** [prelɛvmɑ̃ dʏrin]
Urologe	**urologue, l'** [ʏro'lɔːg]
Verband	**pansement, le** [pɑ̃s'mɑ̃]
verschreiben	**prescrire** [prɛskrir]
Wurzel-behandlung	**traitement de la racine, le** [trɛtmɑ̃ də la rasin]
Zahnarzt	**dentiste, le** [dɑ̃tist]
Zahnspange	**appareil dentaire, l'** [aparej dɑ̃tɛr]
ziehen (Zahn)	**arracher (dent)** [araʃe dɑ̃]

Medikamente

Abführmittel	**laxatif, le** [laksa'tif]
Antibabypille	**pilule, la** [pi'lʏːl]
Antibiotikum	**antibiotique, l'** [ɑ̃tibiotik]
Aspirin	**aspirine, l'** [aspi'rin]
Augentropfen	**gouttes pour les yeux, les** [gut puːr lez‿jœ]
Beipackzettel	**notice, la** [no'tis]
Beruhigungsmittel	**tranquillisant, le** [trɑ̃kili'zɑ̃]
Brandsalbe	**pommade pour brûlures, la** [pomad pur brʏlʏr]
Desinfektionsmittel	**désinfectant, le** [dezɛ̃fɛktɑ̃]
fiebersenkendes Mittel	**qui fait baisser la fièvre** [ki fɛ bese la fiɛːvr]
Gegenanzeigen	**contre-indications, les** [kɔ̃tr‿ɛ̃dika'sjɔ̃]
Halstabletten	**pastilles contre les maux de gorge, les** [pastiːj kɔntr le mo də gɔːrʒ]
homöopathisches Mittel	**remède homéopathique, le** [rəmɛd omeopa'tik]
Hustensaft	**sirop contre la toux, le** [siro kɔntr la tu]
Insulin	**insuline, l'** [ɛ̃sʏ'lin]
Jod	**teinture d'iode, la** [tɛ̃tʏr djɔd]
Kohletabletten	**comprimés de charbon, les** [kɔ̃pri'me də ʃarbɔ̃]
Kreislaufmittel	**remède pour la circulation sanguine, le** [remɛd pur la sirkʏla'sjɔ̃ sɑ̃gin]

Medikament	**médicament/remède, le** [medikamɑ̃/remɛd]
Nasentropfen	**gouttes pour le nez, les** [gut pur le ne]
Nasenspray	**spray nasal, le** [sprɛ nazal]
Nebenwirkungen	**effets secondaires, les** [efɛ səgɔ̃dɛːr]
Ohrentropfen	**gouttes pour les oreilles, les** [gut pur lez‿orej]
Penicillin	**pénicilline, la** [penisilin]
regelmäßig	**régulièrement** [regʏljɛrˈmɑ̃]
rezeptpflichtig	**délivré sur ordonnance** [delivre sʏr ɔrdonɑ̃s]
Salbe	**pommade, la** [poˈmad]
Schleimlöser	**remède mucolitique, le** [rəmɛd mʏkolitik]
Schlafmittel	**somnifère, le** [sɔmniˈfɛr]
Schmerzmittel	**analgésique, l'** [analʒeˈsik]
Spritze	**piqûre, la** [piˈkʏːr]
Tablette	**comprimé, le** [kɔ̃priˈme]
Tropfen	**gouttes, les** [gut]
Vitamintabletten	**vitamines, les** [vitamin]
Wundsalbe	**pommade cicatrisante, la** [pomad sikatrizɑ̃t]
Zäpfchen	**suppositoire, le** [sʏpozitwar]
Zusammensetzung	**composition, la** [kɔ̃poziˈsjɔ̃]

Zahlen

Grundzahlen

0 – zéro
1 – un/une
2 – deux
3 – trois
4 – quatre
5 – cinq
6 – six
7 – sept
8 – huit
9 – neuf
10 – dix
11 – onze
12 – douze
13 – treize
14 – quatorze
15 – quinze
16 – seize
17 – dix-sept
18 – dix-huit
19 – dix-neuf
20 – vingt
21 – vingt et un(e)

Uhrzeit

Wie spät ist es? – Quelle heure est-il?
Es ist 14.35 Uhr. – Il est quatorze heures trente-cinq.
1:00 Uhr – une heure
2:00 Uhr – deux heures
2:05 Uhr – deux heures cinq
3:10 Uhr – trois heures dix
4:15 Uhr – quatre heures et quart/quatre heures quinze
5:20 Uhr – cinq heures vingt
6:25 Uhr – six heures vingt-cinq
7:30 Uhr – sept heures et demie/sept heures trente
8:35 Uhr – neuf heures moins vingt-cinq
9:40 Uhr – dix heures moins vingt
10:45 Uhr – onze heures moins le quart
11:50 Uhr – midi moins dix
11:55 Uhr – midi moins cinq
12:00 Uhr – midi/minuit

Kleine Grammatik

Adjektiv

Adjektive stimmen mit dem Substantiv in Geschlecht und Zahl überein. Meistens wird die weibliche Form des Adjektivs gebildet, indem man an die männliche Form ein „e“ anhängt, zum Beispiel petit – petite.

Der Plural wird durch das Anhängen eines „s“ an die Singularform des Adjektivs gebildet, zum Beispiel petit – petits, verte – vertes. Die meisten Adjektive mit der Endung -al bilden ihren Plural mit -aux, zum Beispiel royal – royaux. Die feminine Pluralform wird mit -e gebildet, zum Beispiel générale – générales.

Bezieht sich das Adjektiv auf mehrere Substantive unterschiedlichen Geschlechts, erhält es den maskulinen Plural: La chienne, le chat et la poule sont encore petits.

Adjektive, die in der maskulinen Form mit einem „e“ enden, haben keine eigene feminine Form und bilden den Plural ganz gewöhnlich mit einem „s“, zum Beispiel formidable – formidables.

Adjektive, die auf -er, -f, -c, -x, -s, -ot, -et, -el/-ul/-eil, -on/-ien, -i/-ai/-u enden, bilden ihre Femininform auf -ère, -ve, -che, -se, -se, -otte, -ette, -elle/-ulle/-eille, -on/-ien, -onne/-ienne, -ie/-aie/-ue.

Adjektive können direkt nach das Substantiv gestellt werden, zum Beispiel un canapé confortable. Beau, bon, grand, jeune, joli, mauvais, nouveau, petit und vieux stehen vor dem Substantiv, zum Beispiel un petit bateau.

Adverb

Adverbien dienen zur näheren Bestimmung:
a) der Art: bien, mieux, plutôt, aussi, lentement, ...
b) der Zeit: alors, déjà, après, de temps en temps, ...
c) der Intensität: assez, aussi, peu, terriblement ...
d) des Ortes: ici, là, ailleurs, sous, devant, où, là-bas, ...
e) der Bestätigung: oui, certainement, en vérité, ...
f) der Verneinung: non, ne, guère, jamais, rien, pas, ...
g) des Zweifels: peut-être, probablement, sans doute, ...

Assez, beaucoup, bien, mal, peu, souvent, toujours sind unveränderlich. Viele andere Adverbien können von Adjektiven abgeleitet werden: Die Endung -ment wird an die feminine Form angehängt: heureux – heureuse – heureusement.

Artikel
Bestimmter und unbestimmter Artikel

Im Französischen sind Substantive und Artikel entweder maskulin oder feminin. Es gibt bestimmte (der, die) und unbestimmte Artikel (ein, eine), und es gibt für beide Geschlechter eine Pluralform des unbestimmten Artikels (des). Im französischen Satz kann der Artikel nicht ausgelassen werden. Er steht immer vor dem Substantiv, kann aber durch ein Wort oder mehrere Wörter davon getrennt werden, zum Beispiel: les trois petits chats dormaient.

Der Artikel stimmt mit dem Substantiv in Geschlecht und Zahl mit dem Substantiv überein.

	Bestimmter Artikel		Unbestimmter Artikel	
	Mask.	Fem.	Mask.	Fem.
Singular	le	la	un	une
Plural	les	les	des	des

Der zusammengezogene Artikel

Wenn die Artikel le oder les direkt auf die Präpositionen de oder à folgen, verschmelzen sie miteinander:

à + le = au	nous allons au café
à + les = aux	il part aux Antilles
de + le = du	elle voit du pays
de + les = des	il parle des oiseaux

Die Teilungsartikel

Der Teilungsartikel drückt eine unbestimmte Menge aus und hat die gleiche Form wie der zusammengezogene bestimmte Artikel: de + le = du, etwa: Elle mange du pain.

Er wird auch benutzt, um das deutsche „kein" auszudrücken: pas de. Zum Beispiel: Elle ne mange pas de pain.

Die Frage- oder Ausrufebegleiter

Der Frage-/Ausrufebegleiter steht immer vor einem Substantiv und stimmt mit ihm in Geschlecht und Zahl überein, zum Beispiel: Quel chat avez-vous perdu? Il est quelle heure?

	Maskulinum	Femininum
Singular	quel	quelle
Plural	quels	quelles

Pronomen

Personalpronomen

je – ich	nous – wir
tu – du	vous – ihr
il/elle – er/sie	ils/elles – sie (mask./fem.)

Reflexivpronomen

Reflexive Verben im Infinitiv sind am vorangestellten se zu erkennen, zum Beispiel se laver (sich waschen).

je	me lave
tu	te laves
il/elle	se lave
nous	nous lavons
vous	vous lavez
ils/elle	se lavent

Vor Verben, die mit einem Vokal oder mit einem stummen h anfangen, wird m' oder t' geschrieben, zum Beispiel je m'appelle (ich heiße).

Relativpronomen

Die Relativpronomen (der, die, das):

qui	Subjekt, bezieht sich auf Personen und Sachen und ist in Geschlecht und Zahl unveränderlich. (Le monsieur qui mange dans le restaurant.)
que	direktes Objekt (Le plat que le monsieur mange.)

Demonstrativpronomen

Vor Wörtern, die mit einem Vokal oder einem stummen h anfangen, wird ce durch cet ersetzt, zum Beispiel: ce chat – cet énorme chat.

	Maskulinum	Femininum
Singular	ce	cette
Plural	ces	ces

Demonstrativpronomen können durch die Benutzung der Zusätze -ci oder -là verstärkt werden, zum Beispiel: cette table-ci, ce chat-là.

Die Demonstrativbegleiter ändern ihre Form gemäß dem Substantiv, zum Beispiel: Le train de six heures est déjà parti: prenez celui de midi! C'est triste, une journée sans soleil.

	Maskulinum	Femininum	Neutrum
Singular	celui	celle	ce/c'
Plural	ceux	celles	

Possessivpronomen

Possessivpronomen richten sich nach dem Substantiv, das besessen wird.
Im Singular unterscheidet man zwischen männlichen und weiblichen Besitzgegenständen, im Plural gibt es nur eine Form.

Maskulinum Singular	Femininum Singular	Maskulinum/Femininum Plural
mon	ma	mes
ton	ta	tes
son	sa	ses
notre	notre	nos
votre	votre	vos
leur	leur	leurs

Achtung: Die französischen Possessivbegleiter son, sa, ses richten sich nicht nach dem Geschlecht des Besitzers, sondern nach dem Geschlecht des Besitzgegenstandes, zum Beispiel: sein/ihr Sohn – son fils, seine/ihre Tochter – sa fille.
Vor weiblichen Substantiven, die mit einem Vokal oder einem stummen h anfangen, werden anstatt ma, ta, sa die männlichen Possessivbegleiter verwendet, zum Beispiel: mon/ton/son amie, mon/ton/son habitude.

Singular		Plural	
Maskulinum	Femininum	Maskulinum	Femininum
le mien	la mienne	les miens	les miennes
le tien	la tienne	les tiens	les tiennes
le sien	la siennes	les siens	les sienne
le nôtre	la nôtre	les nôtres	les nôtres
le vôtre	la vôtre	les vôtres	les vôtres
le leur	la leur	les leurs	les leurs

Beispiel: C'est mon livre. – C'est le mien.

Interrogativpronomen

Combien? – Wie viel? Combien coûte la carte postale? (Wie viel kostet die Postkarte?)
Comment? – Wie? Comment t'appelle? (Wie heißt du?)
Qui? – Wer? Qui a cassé le verre? (Wer hat das Glas zerbrochen?)
Qu'est-ce que? – Was? Qu'est-ce que tu fais aujourd'hui? (Was machst du heute?)
Quel/quelle? – Welcher/Welche? Quelle soupe prendez-vous? (Welche Suppe nehmen Sie?)
Où? – Wo? Où habitez vous? (Wo wohnen Sie?)
Quand? – Wann? Quand y a-t-il des trains pour ...? (Wann fahren Züge nach ...?)
Pourquoi? – Warum? Pourquoi est-ce qu'il ne va pas? (Warum geht er nicht?)

Satzbau

Wortstellung

In seiner einfachsten Form besteht der französische Aussagesatz aus Subjekt, Verb und Ergänzung, zum Beispiel: La grand-mère – montre – la photo de sa petite-fille – à sa voisine. (Subjekt – Verb – direktes Objekt – indirektes Objekt.

a) Entscheidungsfragen können wie Aussagesätze gebildet werden (Subjekt, Verb und Ergänzung), enden aber entweder mit einem Fragezeichen (zum Beispiel: Vous êtes Paul?), oder der Fragesatz kann auch mit „est-ce que“ eingeleitet werden (zum Beispiel: Est-ce que vous êtes Paul?).

b) Teilfragen (sie verlangen eine Auskunft) fangen immer mit einem Fragewort an. Sie können auf dreifache Weise gestellt werden (hier: Wo wohnen Sie?):

- mündlich/schriftlich:	Où habitez vous?
- mündlich/schriftlich:	Où est-ce que vous habitez?
- umgangssprachlich:	Vous habitez où?

c) Der Ausrufesatz drückt Verwunderung, Staunen, Ärger, einen Wunsch, einen Befehl, ... aus und endet mit dem Ausrufezeichen. Im Imperativ steht das Verb an erster Stelle, zum Beispiel: Venez ici tout de suite!

Verneinung

Die Verneinung besteht aus zwei Teilen: ne + pas/plus/jamais. Diese Teile umklammern das Verb, zum Beispiel:

ne ... pas	Tu ne m'aimes pas. (Du magst mich nicht.)
ne ... plus	Je ne mange plus. (Ich esse nichts mehr.)
ne ... jamais	Il n'écoute jamais. (Er hört nie.)

Das deutsche Wort kein/-e/-es (mehr) wird durch ne + pas de/d', ne + plus de/d' übersetzt, zum Beispiel: Je n'ai plus d'argent. (Ich habe kein Geld mehr.)

Substantiv

Im Französischen sind die Substantive entweder maskulin oder feminin. Es existiert kein neutrales Geschlecht.

Das Plural wird nach der jeweiligen Endung des Substantivs gebildet:

Im Allgemeinen wir die Endung -s angehangen, zum Beispiel la fille – les filles.

Wörter mit der Endung -ou oder -ail im Singular erhalten im Plural ein -s, zum Beispiel: trou – trous, détail – détails.

Wörter mit der Endung -eu oder -(e)au im Singular erhalten im Plural ein -x, zum Beispiel: feu – feux, cadeau – cadeaux.

Wörter mit der Endung -al im Singular werden im Plural mit -aux geschrieben, zum Beispiel: journal – journaux.

Wörter mit den Endungen -s, -x und -z im Singular erhalten keine Endung im Plural, zum Beispiel: le prix – les prix.

Folgende Wörter haben eine eigene Pluralform:

Singular	Plural
Monsieur	Messieurs
Madame	Mesdames
Mademoiselle	Mesdemoiselles

Verb

Im Französischen unterscheidet man drei Verbgruppen:

a) Die 1. Gruppe enthält alle Verben mit der Endung **-er** im Infinitiv und -e in der 1. Person des Präsens, zum Beispiel aimer – j'aime).

b) Die 2. Gruppe beinhaltet die Verben mit der Endung **-ir** und mit der Endung -is im Präsens und -issant im Partizip Präsens, zum Beispiel finir – je finis – finissant.

c) Die 3. Gruppe beinhaltet die Verben mit der Endung **-ir**, deren Partizip Präsens -ant anstatt -issant ist (zum Beispiel partir – je pars – partant), und die Verben mit der Endung -oir oder -re im Infinitiv (recevoir, rendre).

Konjugation

1. Gruppe	2. Gruppe	3. Gruppe	
-e	-is	-s (x)	-e
-es	-is	-s (x)	-es
-e	-it	-t (d)	-e
-ons	-issons	-ons	-ons
-ez	-issez	-ez	-ez
-ent	-issent	-ent (nt)'	-ent

Nachfolgend einige häufig genutzte Verben:

Präsens	**être** (sein)	**avoir** (haben)
je	suis	ai
tu	es	as
il	est	a
nous	sommes	avons
vous	êtes	avez
ils	sont	ont

	aller (gehen)	**faire** (machen)
je	vais	fais
tu	vas	fais
il	va	fait
nous	allons	faisons
vous	allez	faites
ils	vont	font

Reisewortschatz von A–Z

Deutsch–Französisch

A

abbiegen; tourner
Abend; soir, le/ soirée, la
aber; mais
abfahren; partir
abholen; aller chercher
ablehnen; refuser
abreisen; partir en voyage
abschließen; conclure
Acht geben; faire attention
Achtung; respect, le
ähnlich; semblable
aktuell; actuel
Alkohol; alcool, l'
all, -e, -s; tout, toute/ tous, toutes
allein; seul
alt; vieux
Ampel; feux tricolores, les
anbieten; offrir
anderer, -e, -es; autre
ändern; changer
anfangen; débuter/ commencer
Anfrage; demande, la
Angebot; offre, l'
Angehörige; parents proches, les
Angst; peur, la
anhalten; s'arrêter
ankommen; arriver
annehmen; accepter
anrufen; appeler
anschauen; regarder
Ansichtskarte; carte postale, la
Antwort; réponse, la
Anzeige; annonce, l' (Zeitung)
Anzeige erstatten; porter plainte
anziehen; mettre
Apotheke; pharmacie, la
arbeiten; travailler
arm; pauvre
auch; aussi
Aufenthalt; séjour, le
auffordern; prier
Aufgabe; tâche, la/ devoir, le
aufhören; arrêter
aufschreiben; noter
aufstehen; se lever
Auftrag; contrat, le

aufwachen; se réveiller
Augenblick; instant, l'
Auskunft; renseignement, le
Ausland; étranger, l'
Ausländer; étranger, l'
Ausnahme; exception, l'
auspacken; déballer
ausruhen; se reposer
ausschalten; éteindre
außen; dehors
aussteigen; descendre
auswendig; par cœur
ausziehen; se déshabiller

B

Baby; bébé, le
Bach; ruisseau, le
baden; se baigner
Bahn; chemin de fer, le
bald; bientôt
Ball; balle, la/ballon, le (Spiel~/Fuss~)
Bank; banque, la
bar bezahlen; payer en liquide
Baum; arbre, l'
beantragen; demander
bedeuten; signifier
bedienen; servir
beeilen; se dépêcher
beginnen; débuter/commencer
begrüßen; saluer
behalten; garder
Behälter; récipient, le
Behörde; autorités, les
Bein; jambe, la
Beispiel; exemple, l'
bekannt; connu
bekommen; recevoir
beliebt; apprécié
benutzen; utiliser
bequem; confortable/pratique (Kleidung/Gerät)
beraten; conseiller
Berg; montagne, la
Beruf; profession, la
berühmt; célèbre
berühren; toucher
beschädigen; endommager
besichtigen; visiter
besser; mieux/meilleur
bestätigen; confirmer
besuchen; visiter
betrachten; regarder
betrunken; ivre
Bevölkerung; population, la
bewegen; déplacer
Beziehung; relation, la
bieten; offrir

billig; bon marché
bisschen; un peu
bitten; demander/prier
bitter; amer
bleiben; rester
Blitz; flash, le
blond; blond
blühen; fleurir
Blume; fleur, la
bluten; saigner
Boden; sol, le
Bonbon; bonbon, le
Boot; bateau, le
brauchen; avoir besoin
brechen; casser
breit; large
brennen; brûler
Brieftasche; porte-feuille, le
bringen; apporter
Brust; poitrine, la
Buch; livre, le
buchen; réserver
Buchstabe; lettre, la
bunt; de toutes les couleurs
Büro; bureau, le

C

Chance; chance, la
Chef; chef, le
Computer; ordinateur, l'

D

Dach; toit, le
dafür; pour cela
dagegen; contre/par contre
Dame; dame, la
dankbar; reconnaissant
danken; remercier
Datum; date, la
dauern; durer
Decke; couverture, la
dein, -e; ton, ta, tes
denken; penser
denn; car
derzeit; en ce moment
deutsch; allemand
Deutsche, -er; Allemande/Allemand,l'
Deutschland; Allemagne, l'
dicht; étanche
Dieb; voleur, le
dieser, -e, -es; ce, cet, cette, ces
dir; te
doch; si
Dorf; village, le
draußen; dehors
dringend; urgent
drinnen; dedans
dritter, -e, -es; troisième, le/la
du; tu
dunkel; sombre
dürfen; avoir le droit
Durst; soif, la

E

ebenfalls; également
echt; véritable
eigener, -e, -es; propre
ein, -e, -es; un, une
einfach; simple
einkaufen; faire les courses/acheter
einladen; inviter
einschalten; allumer
einschlafen; s'endormir
einsteigen; monter
eintreten; entrer
einverstanden; d'accord
Einwohner; habitant, l'
einzeln; seul
Eltern; parents, les
Ende; fin, la
eng; étroit
entdecken; découvrir
entgegen; au devant de
entscheiden; décider
enttäuscht; déçu
er; il
Erde; terre, la
Ereignis; évènement, l'
erfahren; apprendre
erhalten; recevoir
erinnern; se souvenir de
erklären; expliquer
erlauben; autoriser
erleben; vivre
erschrecken; effrayer
erster, -e, -es; premier/première
Erwachsener; adulte, l'
erwarten; attendre
es; il, elle
essen; manger
Essen; repas, le
Esszimmer; salle à manger, la
etwa; à peu près
euch; vous
euer, eure; votre

F

fad; fade
fahren; conduire/aller
Fahrrad; vélo, le/bicyclette, la
fallen; tomber
falsch; faux
Farbe; couleur, la
fast; presque
faul; paresseux
fehlen; manquer
Fehler; faute, la
feiern; fêter
Ferien; vacances, les
fernsehen; regarder la télé
fertig; prêt
feucht; humide
Feuer; feu, le
finden; trouver
Finger; doigt, le

flach; plat
fliegen; voler/ aller en avion
Fluss; fleuve, le
fotografieren; photographier
Frage; question, la
Frau; femme, la
Frau; Madame (Anrede)
frei; libre
Freiheit; liberté, la
fremd; étranger
Fremdsprache; langue étrangère, la
Freude; joie, la
freuen; se réjouir
freundlich; aimable
frieren; geler
fühlen; sentir
führen; mener
für; pour
fürchten; redouter
Fuß; pied, le

G

ganz; entier
Garten; jardin, le
Gebäude; bâtiment, le
geben; donner
Gedanke; pensée, la
gefährlich; dangereux
gefallen; plaire
gegen; contre
Gegenstand; objet, l'
gegenüber; en face
geheim; secret
gehen; aller
gehören; appartenir
Gelegenheit; occasion, l'
genug; assez
geradeaus; tout droit
geschehen; se passer
Geschirr; vaisselle, la
Gesicht; visage, le
Gespräch; conversation, la
gesund; en bonne santé
gewinnen; gagner
gewiss; assurément
glauben; croire
gleich; égal
gleicher, -e, -es; même, mêmes
gleichfalls; également
Glück; bonheur, le
glücklich; heureux
Gott; Dieu
Großmutter; grand-mère, la
Großvater; grand-père, le
Grund; raison, la
Gruppe; groupe, le
grüßen; saluer
günstig; bon marché

H

Haar; cheveu, le
haben; avoir
halb; demi
Hälfte; moitié, la
halten; arrêter
Handtasche; sac à main, le
hart; dur
hässlich; hideux
Hauptstadt; capitale, la
Haus; maison, la
heiß; chaud
helfen; aider
hell; clair
Herbst; automne, l'
Herr; monsieur, le
Herr; Monsieur (Anrede)
hier; ici
Hilfe; aide, l'
Himmel; ciel, le
hinsetzen (sich); s'asseoir
hinter; derrière
hoch; haut
hoffen; espérer
hoffentlich; pourvu que
höflich; poli
holen; aller chercher
hören; écouter
Hund; chien, le
Hunger; faim, la

I

ich; je
immer; toujours
indem; en
Industrie; industrie, l'
innen; dedans
Insel; île, l'
interessant; intéressant
interessieren (sich); s'intéresser
irgendwo; quelque part/ n'importe où
ist; est
Italien; Italie, l'
italienisch; italien

J

Jahr; année, l'
jeder, -e, -es; chacun, chacune
jemand; quelqu'un
jetzt; maintenant
jung; jeune

K

kalt; froid
kaputt; cassé
Kasten; caisse, la
Katze; chat, le
kaufen; acheter
kaum; à peine
kein, -e, -er; ne ... pas/ aucun, aucune
kennen; connaître
Kerze; bougie, la

Kirche; église, l'
klingeln; sonner
klopfen; frapper
klug; intelligent
kochen; cuire
kommen; venir
können; pouvoir
Körper; corps, le
kosten; coûter
krank; malade
Krankenhaus; hôpital, l'
Kreuzung; carrefour, le/croisement, le
Küche; cuisine, la
Kugelschreiber; stylo bille, le
Kultur; culture, la
kurz; court
Küste; côte, la

lachen; rire
Lage; situation, la
Lampe; lampe, la
Land; pays, le
Landkarte; carte routière, la
lang; long
lange; longtemps
langsam; lentement
langweilig; ennuyeux
Lärm; bruit, le
lassen; laisser
Lastkraftwagen; poids lourd, le/camion, le
laufen; courir
laut; bruyant
Leben; vie, la
leben; vivre
lebendig; vivant
Lebensmittel; nourriture, la
leer; vide
Lehrer; professeur, le
leicht; facile/léger
Leid tun; être désolé
leider; malheureusement
leise; bas
lenken; manœuvrer
lernen; apprendre
lesen; lire
letzter, -e, -es; dernier, dernière
Licht; lumière, la
lieb; gentil
lieben; aimer
Lied; chanson, la
liegen; être allongé
Liter; litre, le
Literatur; littérature, la
Loch; trou, le
locker; léger/cool
Luft; air, l'
Lüge; mensonge, le
lustig; drôle

machen; faire
man; on
manchmal; parfois
Mann; homme, l'
Markt; marché, le
Meer; mer, la
mehr; plus
mein, -e; mon, ma, mes
Meinung; avis, l'
Mensch; homme, l'
merken; voir/retenir
Miete; loyer, le
mieten; louer
Minute; minute, la
Missverständnis; malentendu, le
mit; avec
mitkommen; venir avec
mitnehmen; apporter
Mittag; midi, le
Mitte; milieu, le
Mitternacht; minuit, la
mögen; aimer
Möglichkeit; possibilité, la
Moment; moment, le
Monat; mois, le
Mond; lune, la
Morgen; matin, le
müde; fatigué
Müll; ordures, les
müssen; devoir
Muttersprache; langue maternelle, la

nachdenken; réfléchir
Nachmittag; après-midi, l'
nächster, -e, -es; le prochain, la prochaine, les prochains
Nacht; nuit, la
Nachteil; inconvénient, l'
nah(e); proche
nass; mouillé
Natur; nature, la
natürlich; naturellement
neben; près/à côté
nehmen; prendre
nervös; nerveux
nett; aimable
neugierig; curieux
neulich; récemment
nicht; ne ... pas
nichts; rien
niedrig; bas
niemand; personne
nirgends; nulle part
Norden; nord, le
normal; normal
nötig; nécessaire
Notruf; numéro d'urgence, le
notwendig; nécessaire
nur; seulement

oben; en haut
oder; ou
Ofen; poêle, le/four, le

offen; ouvert
öffentlich; public
öffnen; ouvrir
oft; souvent
ohne; sans
ordentlich; correctement
Osten; Est, l'
Ostern; Pâques, les
Österreich; Autriche, l'
österreichisch; autrichien

P

paar; deux
Paar; couple, le
Papier; papier, le
passen; passer
Person; personne, la
persönlich; personnellment
Pflanze; plante, la
Pflicht; devoir, le
Plan; plan, le
planen; prévoir
Portion; portion, la/part, la
praktisch; pratique
privat; privé
pro; pour
probieren; essayer
Problem; problème, le
prüfen; vérifier
pünktlich; à l'heure
putzen; nettoyer

Q

quer; en/à travers
Quittung; quittance, la/facture, la

R

Rad fahren; faire du vélo
Radio; radio, la
rau; rugueux
rauchen; fumer
reagieren; réagir
Reaktion; réaction, la
rechnen; calculer
recht; droite
Rechtsanwalt; avocat, l'
reden; parler
Regal; étagère, l'
regeln; régler
Regenschirm; parapluie, le
regieren; gouverner
Regierung; gouvernement, le
reich; riche
Reihenfolge; ordre, l'
Reisebüro; agence de voyage, l'
reiten; faire de l'équitation
Rest; reste, le
retten; sauver
richtig; juste
Richtung; direction, la
Rücksicht; attention, l'
rückwärts; à reculons
rufen; appeler
Ruhe; calme, le

ruhig; calme
rund; rond

S

Sache; chose, la
sagen; dire
satt; repu/rassasié
sauber; propre
schade; dommage
Schalter; guichet, le
scharf; épicé
schauen; regarder
schenken; offrir
Schere; ciseaux, les
schieben; pousser
schief; de travers
schimpfen; pester
schlafen; dormir
schlank; mince
schlecht; mauvais
schließen; fermer
schlimm; terrible
Schlitten; luge, la
Schluss; fin, la
schmal; étroit
schmutzig; sale
schneiden; couper
schnell; vite
Schnupfen; rhume, le
schön; beau
schrecklich; affreux
schreiben; écrire
schreien; crier
Schublade; tiroir, le
schuldig; coupable
Schule; école, l'
Schüssel; saladier, le
schwach; faible
schweigen; se taire
Schweiz; Suisse, la
schwer; difficile/lourd
schwierig; difficile
schwimmen; nager
sehen; voir
sehr; très/beaucoup
sein, -e; son, sa
Seite; côté, le
selbst; même
selten; rarement
seltsam; étrange
Sessel; fauteuil, le
setzen; placer
sich; se
sicher; sûr
sie; elle
Sie; vous
singen; chanter
sitzen; être assis
Ski; ski, le
Sofa; canapé, le
sofort; tout de suite
sollen; devoir
Sommer; été, l'
Sonderangebot; offre exceptionnelle, l'
Sonne; soleil, le
Sorge; souci, le
Spaß; distraction, la

spät; tard
später; plus tard
spazieren gehen; aller se promener
Spiegel; miroir, le
Spiel; jeu, le
Sport; sport, le
Sprache; langue, la
sprechen; parler
springen; sauter
Stadt; ville, la
stark; fort
stattfinden; avoir lieu
stehen; se tenir
stehlen; voler
Stein; pierre, la
Stelle (Ort); endroit, l'
sterben; mourir
still; calme
Stimme; voix, la
Stoff; tissu, le
stören; déranger
stoßen; pousser
Strafe (Geld-); amende, l'
Strand; plage, la
Streik; grève, la
Streit; dispute, la
Stress; stress, le
Strom; courant, le
Stufe; marche, la
Stuhl; chaise, la
Stunde; heure, l'
stürzen; tomber
suchen; chercher
Süden; Sud, le
sympathisch; sympathique

Tag; jour le/journée, la
Tante; tante, la
tanzen; danser
Tasse; tasse, la
Tatsache; fait, le
tausend; mille
Technik; technique, la
Teil; partie, la
teilen; partager
teilnehmen; prendre part
Temperatur; température, la
teuer; cher
tief; profond
Tier; bête, la
Tipp; tuyau, le/conseil, le
Tod; mort, la
tot; mort
Tourist; touriste, le
Tradition; tradition, la
tragen; porter
transportieren; transporter
Traum; rêve, le
traurig; triste
treffen; rencontrer
trennen; séparer
Treppe; escalier, l'
treu; fidèle

tun; faire
Türschloss; serrure de la porte, la
Tüte; sac, le/sachet, le

U

überqueren; traverser
übersetzen; traduire
üblich; habituel
übrig; restant
Uhrzeit; heure, l'
Umgebung; environs, les
umsonst; pour rien
Umwelt; environnement, l'
ungefähr; à peu près
uns; nous
unser, -e; notre, nos
unter; sous/en dessous
unterhalten; divertir
Unterkunft; hébergement, l'
unterscheiden; différencier
Unterschrift; signature, la

V

Vegetarier; végétarien, le
verabreden; prendre rendez-vous
verabschieden; dire au revoir
verändern; changer
Veranstaltung; manifestation, la
verantwortlich; responsable
verboten; défendu
verbrauchen; consommer
Vergangenheit; passé, le
vergessen; oublier
vergleichen; comparer
verkaufen; vendre
Verkehr; trafic, le
Verkehrszeichen; panneau de signalisation, le
verloren; perdu
vermieten; louer (à quelqu'un)
versäumen; manquer
verschieden; différent
verspäten; être en retard
versprechen; promettre
verstecken; cacher
versuchen; essayer
verwandt; parent
verwenden; utiliser
Verzeihung!; pardon/excusez-moi
viel; beaucoup
vielleicht; peut-être
Vogel; oiseau, l'
Volk; peuple, le
voll; plein/complet
von; de
vorbei; le long de
vorn(e); devant
Vorsicht; prudence, la
Vorteil; avantage, l'
wahr; vrai
Wahrheit; vérité, la

W

Wald; forêt, la
Wand; mur, le
wandern; faire une randonnée
wann; quand
war; était
Ware; marchandise, la
warm; chaud
warten; attendre
warum; pourquoi
was; que
wecken; réveiller
weg; parti
weggehen; partir
weh tun; faire mal
weich; doux
Weihnachten; Noël, le
weit; loin
welcher, -e, -es; quel, quelle, quels, quelles
Welt; monde, le
wenig; peu
wer; qui
werden; devenir
Westen; Ouest, l'
wichtig; important
wie; comment
wiederholen; répéter
Wiese; pré, le
Winter; hiver, l'
wir; nous
wissen; savoir
wo; où
Woche; semaine, la
Wochenende; week-end, le
wohnen; habiter
Wolke; nuage, le
wollen; vouloir
Wort; mot, le
Wörterbuch; dictionnaire, le
wütend; en colère

Z

Zahl; nombre, le
zahlen; payer
zeigen; montrer
Zeit; temps, le
Zeitung; journal, le
zentral; central
Zettel; bout de papier, le
Ziel; but, le
Zigarette; cigarette, la
zornig; en colère/furieux
zu; fermé
zufrieden; content/satisfait
Zuhause; à la maison
Zukunft; avenir, l'
zurück; de retour
zurückkommen; revenir
zusammen; ensemble
Zustand; état, l'
zuverlässig; fiable
zweifeln; douter
zweiter, -e, -es; deuxième, le/la

Französisch–Deutsch

A

à côté; neben
à l'heure; pünktlich
à la maison; Zuhause
à peine; kaum
à peu près; etwa/ ungefähr
à reculons; rückwärts
accepter; annehmen
acheter; (ein-)kaufen
actuel; aktuell
adulte, l'; Erwachsener
affreux; schrecklich
agence de voyages, l'; Reisebüro
aide, l'; Hilfe
aider; helfen
aimable; freundlich/ nett
aimer; lieben/ mögen
air, l'; Luft
alcool, l'; Alkohol
Allemagne, l'; Deutschland
allemand; deutsch
Allemande/Allemand, l'; Deutsche, -er
aller; gehen/ fliegen
aller chercher; (ab-)holen
aller se promener; spazieren gehen
allumer; einschalten
amende, l'; Strafe (Geld~)
amer; bitter
année, l'; Jahr
annonce, l'; Zeitungsanzeige
appartenir; gehören
appeler; (an-)rufen
apporter; bringen/ mitnehmen
apprécié; beliebt
apprendre; erfahren/ lernen
après-midi, l'; Nachmittag
arbre, l'; Baum
arrêter; aufhören/ halten
arriver; ankommen
assez; genug
assurément; gewiss
attendre; (er-)warten
attention, l'; Rücksicht
au devant de; entgegen
aucun, e; kein, -e, -er
aussi; auch
automne, l'; Herbst
autoriser; erlauben
autorités, les; Behörde
autre; anderer, -e, -es
Autriche, l'; Österreich

autrichien; österreichisch
avantage, l'; Vorteil
avec; mit
avenir, l'; Zukunft
avis, l'; Meinung
avocat, l'; Rechtsanwalt
avoir; haben
avoir besoin; brauchen
avoir le droit; dürfen
avoir lieu; stattfinden

B

balle, la; Ball (Spiel~)
balle, la; Ball (Fuss~)
banque, la; Bank
bas; leise/niedrig
bateau, le; Boot
bâtiment, le; Gebäude
beau; schön
beaucoup; viel/sehr
bébé, le; Baby
bête, la; Tier
bicyclette, la; Fahrrad
bientôt; bald
blond; blond
bon marché; billig/günstig
bonbon, le; Bonbon
bonheur, le; Glück
bougie, la; Kerze
bout de papier, le; Zettel
bruit, le; Lärm
brûler; brennen
bruyant; laut
bureau, le; Büro
but, le; Ziel

C

cacher; verstecken
caisse, la; Kasten
calculer; rechnen
calme; ruhig/still
calme, le; Ruhe
camion, le; Lastkraftwagen
canapé, le; Sofa
capitale, la; Hauptstadt
car; denn
carrefour, le; Kreuzung
carte postale, la; Ansichtskarte
carte routière, la; Landkarte
cassé; kaputt
casser; brechen
ce, cet, cette, ces; dieser, -e, -es

célèbre; berühmt
central; zentral
chacun, e; jeder, -e, -es
chaise, la; Stuhl
chance, la; Chance
changer; (ver-)ändern
chanson, la; Lied
chanter; singen
chat, le; Katze
chaud; warm/heiß
chef, le; Chef
chemin de fer, le; Bahn
cher; teuer
chercher; suchen
cheveu, le; Haar
chien, le; Hund
chose, la; Sache
ciel, le; Himmel
cigarette, la; Zigarette
ciseaux, les; Schere
clair; hell
commencer; anfangen/beginnen
comment; wie
comparer; vergleichen
complet; voll
conclure; abschließen
conduire, aller; fahren
confirmer; bestätigen
confortable; bequem (Kleidung)
connaître; kennen
connu; bekannt
conseil, le; Tipp
conseiller; beraten
consommer; verbrauchen
content; zufrieden
contrat, le; Auftrag
contre; gegen/dagegen
conversation, la; Gespräch
cool; locker
corps, le; Körper
correctement; ordentlich
côte, la; Küste
côté, le; Seite
couleur, la; Farbe
coupable; schuldig
couper; schneiden
couple, le; Paar
courant, le; Strom
courir; laufen
court; kurz
coûter; kosten
couverture, la; Decke
crier; schreien
croire; glauben
croisement, le; Kreuzung
cuire; kochen
cuisine, la; Küche
culture, la; Kultur
curieux; neugierig

D

d'accord; einverstanden
dame, la; Dame
dangereux; gefährlich
danser; tanzen
date, la; Datum
de; von
de retour; zurück
de toutes les couleurs; bunt
de travers; schief
déballer; auspacken
débuter; anfangen/beginnen
décider; entscheiden
découvrir; entdecken
déçu; enttäuscht
dedans; drinnen/innen
défendu; verboten
dehors; außen
dehors; draußen
demande, la; Anfrage
demander; beantragen/bitten
demi; halb
déplacer; bewegen
déranger; stören
dernier, dernière; letzter, -e, -es
derrière; hinter
descendre; aussteigen
deux; paar
deuxième, le, la; zweiter, -e, -es
devant; vorn(e)
devenir; werden
devoir; müssen/sollen
devoir, le; Pflicht/Aufgabe
dictionnaire, le; Wörterbuch
Dieu; Gott
différencier; unterscheiden
différent; verschieden
difficile; schwierig/schwer
dire; sagen
dire au revoir; verabschieden
direction, la; Richtung
dispute, la; Streit
distraction, la; Spaß
divertir; unterhalten
doigt, le; Finger
dommage; schade
donner; geben
dormir; schlafen
douter; zweifeln
doux; weich
droite; recht
drôle; lustig
dur; hart
durer; dauern

école, l'; Schule
écouter; hören
écrire; schreiben
effrayer; erschrecken
égal; gleich
également; ebenfalls/gleichfalls
église, l'; Kirche
elle; sie
employer; verwenden
en; indem
en bonne santé; gesund
en ce moment; derzeit
en colère; wütend/zornig
en dessous; unter
en face; gegenüber
en haut; oben
en/à travers; quer
endommager; beschädigen
endroit, l'; Stelle (Ort)
ennuyeux; langweilig
ensemble; zusammen
entier; ganz
entrer; eintreten
environnement, l'; Umwelt
environs, les; Umgebung
épicé; scharf
escalier, l'; Treppe
espérer; hoffen
essayer; probieren/versuchen
est; ist
Est, l'; Osten
étagère, l'; Regal
était; war
étanche; dicht
état, l'; Zustand
été, l'; Sommer
éteindre; ausschalten
étrange; seltsam
étranger; fremd
étranger, l'; Ausland/Ausländer
être allongé; liegen
être assis; sitzen
être désolé; Leid tun
être en retard; verspäten
étroit; eng/schmal
événement, l'; Ereignis
exception, l'; Ausnahme
excuse, l'; Verzeihung
exemple, l'; Beispiel
expliquer; erklären

facile; leicht
facture, la; Quittung
fade; fad
faible; schwach
faim, la; Hunger
faire; machen/tun

faire attention; Acht geben
faire de l'équitation; reiten
faire du vélo; Rad fahren
faire les courses; einkaufen
faire mal; weh tun
faire une randonnée; wandern
fait, le; Tatsache
fatigué; müde
faute, la; Fehler
fauteuil, le; Sessel
faux; falsch
femme, la; Frau
fermé; zu
fermer; schließen
fêter; feiern
feu, le; Feuer
feux tricolores, les; Ampel
fiable; zuverlässig
fidèle; treu
fin, la; Ende/Schluss
flash, le; Blitz
fleur, la; Blume
fleurir; blühen
fleuve, le; Fluss
forêt, la; Wald
fort; stark
four, le; Ofen
frapper; klopfen
froid; kalt
fumer; rauchen

G

gagner; gewinnen
garder; behalten
geler; frieren
gentil; lieb
gouvernement; Regierung
gouverner; regieren
grand-mère, la; Großmutter
grand-père, le; Großvater
grève, la; Streik
groupe, le; Gruppe
guichet, le; Schalter

H

habitant, l'; Einwohner
habiter; wohnen
habituel; üblich
haut; hoch
hébergement, l'; Unterkunft
heure, l'; Stunde/Uhrzeit
heureux; glücklich
hideux; hässlich
hiver, l'; Winter
homme, l'; Mensch/Mann

hôpital; Krankenhaus
humide; feucht

I

ici; hier
il; er
il, elle; es
île, l'; Insel
important; wichtig
inconvénient, l'; Nachteil
industrie, l'; Industrie
instant, l'; Augenblick
intelligent; klug
intéressant; interessant
inviter; einladen
Italie, l'; Italien
italien; italienisch
ivre; betrunken

J

jambe, la; Bein
jardin, le; Garten
je; ich
jeu, le; Spiel
jeune; jung
joie, la; Freude
jour le; Tag
journal, le; Zeitung
journée, la; Tag
juste; richtig

L

laisser; lassen
lampe, la; Lampe
langue étrangère, la; Fremdsprache
langue maternelle, la; Muttersprache
langue, la; Sprache
large; breit
le long de; vorbei
léger; leicht/locker
lentement; langsam
lettre, la; Buchstabe
liberté, la; Freiheit
libre; frei
lire; lesen
litre, le; Liter
littérature, la; Literatur
livre, le; Buch
loin; weit
long; lang
longtemps; lange
louer; mieten
louer (à quelq'un) ; vermieten an jemanden
lourd; schwer
loyer, le; Miete
luge, la; Schlitten
lumière, la; Licht
lune, la; Mond

M

Madame; Frau (Anrede)

maintenant; jetzt
mais; aber
maison, la; Haus
malade; krank
malentendu, le; Missverständnis
malheureusement; leider
manger; essen
manifestation ,la; Veranstaltung
manœuvrer; lenken
manquer; fehlen/versäumen
marchandise, la; Ware
marche, la; Stufe
marché, le; Markt
matin, le; Morgen
mauvais; schlecht
même; selbst
même, -s; gleicher, -e, -es
mener; führen
mensonge, le; Lüge
mer, la; Meer
mettre; anziehen
midi, le; Mittag
mieux, meilleur; besser
milieu, le; Mitte
mille; tausend
mince; schlank
minuit, la; Mitternacht
minute, la; Minute
miroir, le; Spiegel
mois, le; Monat
moitié; Hälfte
moment, le; Moment
mon, ma, mes; mein, -e
monde, le; Welt
monsieur, le; Herr
montagne, la; Berg
monter; einsteigen
montrer; zeigen
mort; tot
mort, la; Tod
mot, le; Wort
mouillé; nass
mourir; sterben
mur, le; Wand

N

n'importe où; irgendwo
nager; schwimmen
nature, la; Natur
naturellement; natürlich
ne ... pas; nicht/kein, -e, -er
nécessaire; nötig/notwendig
nerveux; nervös
nettoyer; putzen
Noël, le; Weihnachten

nombre, le; Zahl
nord, le; Norden
normal; normal
noter; aufschreiben
notre, nos; unser, -e
nourriture, la; Lebensmittel
nous; wir/uns
nuage, le; Wolke
nuit, la; Nacht
nulle part; nirgends
numéro d'urgence, le; Notruf

O

objet, l'; Gegenstand
occasion, l'; Gelegenheit
offre, l'; Angebot
offre exceptionnelle, l'; Sonderangebot
offrir; (an-)bieten/schenken
oiseau, l'; Vogel
on; man
ordinateur, l'; Computer
ordre, l'; Reihenfolge
ordures, les; Müll
ou; oder
où; wo
oublier; vergessen
Ouest, l'; Westen
ouvert; offen
ouvrir; öffnen

P

panneau de signalisation, le; Verkehrszeichen
papier, le; Papier/Zettel
Pâques, les; Ostern
par cœur; auswendig
parapluie, le; Regenschirm
parent; verwandt
parents proches, les; Angehörige
parents, les; Eltern
paresseux; faul
parfois; manchmal
parler; reden/sprechen
part, la; Portion
partager; teilen
parti; weg
partie, la; Teil
partir; weggehen/abfahren
partir en voyage; abreisen
passé, le; Vergangenheit
passer; passen
pauvre; arm
payer; zahlen

payer en liquide; bar bezahlen
pays, le; Land
pensée, la; Gedanke
penser; denken
perdu; verloren
personne; niemand
personne, la; Person
personnellement; persönlich
pester; schimpfen
peu; wenig
peuple, le; Volk
peur, la; Angst
peut-être; vielleicht
pharmacie, la; Apotheke
photographier; fotografieren
pied, le; Fuß
pierre, la; Stein
placer; setzen
plage, la; Strand
plaire; gefallen
plan, le; Plan
plante, la; Pflanze
plat; flach
plein; voll
plus; mehr
plus tard; später
poêle, le; Ofen
poids lourd, le; Lastkraftwagen
poitrine, la; Brust
poli; höflich
population, la; Bevölkerung
portefeuille, le;Brieftasche
porter; tragen
porter plainte; Anzeige erstatten
portion, la; Portion
possibilité; Möglichkeit
pour; für/pro
pour cela; dafür
pour rien; umsonst
pourquoi; warum
pourvu que; hoffentlich
pousser; schieben/stoßen
pouvoir; können
pratique; praktisch/bequem (Gerät)
pré, le; Wiese
premier, première; erster, -e, -es
prendre; nehmen
prendre part; teilnehmen
prendre rendez-vous; verabreden
près; neben
presque; fast
prêt; fertig
prévoir; planen

prier; bitten/ auffordern
privé; privat
problème, le; Problem
prochain, -e, -s; nächster, -e, -es
proche; nah(e)
professeur, le; Lehrer
profession, la; Beruf
profond; tief
promettre; versprechen
propre; eigener, -e, -es/ sauber
prudence, la; Vorsicht
public; öffentlich

Q

quand; wann
que; was
quel, -le, -s, -les; welcher, -e, -es
quelqu'un; jemand
quelque part; irgend-wo
question, la; Frage
qui; wer
quittance, la; Quittung

R

radio, la; Radio
raison, la; Grund
rarement; selten
rassasié; satt
réaction, la; Reaktion
réagir; reagieren
récemment; neulich
recevoir; bekommen/ erhalten
récipient, le; Behälter
reconnaissant; dankbar
redouter; fürchten
réfléchir; nachdenken
refuser; ablehnen
regarder; (an-)schauen/ betrachten
regarder la télé; fern-sehen
règle, la; Regel
régler; regeln
relation, la; Beziehung
remercier; danken
rencontrer; treffen
renseignement, le; Auskunft
repas, le; Essen
répéter; wiederholen
réponse, la; Antwort
repu; satt
réserver; buchen
respect, le; Achtung
responsable; verant-wortlich
restant; übrig
reste, le; Rest
rester; bleiben

retenir; merken
rêve, le; Traum
réveiller; wecken
revenir; zurückkommen
rhume, le; Schnupfen
riche; reich
rien; nichts
rire; lachen
rond; rund
rugueux; rau
ruisseau, le; Bach

S

s'arrêter; anhalten
s'asseoir; sich hinsetzen
s'endormir; einschlafen
s'habiller; sich anziehen
s'intéresser; interessieren (sich)
sac à main, le; Handtasche
sac, le; Tüte
sachet, le; Tüte
saigner; bluten
saladier, le; Schüssel
sale; schmutzig
salle à manger, la; Esszimmer
saluer; (be-)grüßen
sans; ohne
sauter; springen
sauver; retten
savoir; wissen
se; sich
se baigner; baden
se dépêcher; sich beeilen
se déshabiller; sich ausziehen
se lever; aufstehen
se passer; geschehen
se réjouir; sich freuen
se reposer; sich ausruhen
se réveiller; aufwachen
se souvenir de; sich erinnern an
se taire; schweigen
se tenir; stehen
secret; geheim
séjour, le; Aufenthalt
semaine, la; Woche
semblable; ähnlich
sentir; fühlen
séparer; trennen
serrure de la porte, la; Türschloss
servir; bedienen
seul; allein/einzeln
seulement; nur
si; doch
signature, la; Unterschrift
signifier; bedeuten

simple; einfach
situation, la; Lage
ski, le; Ski
soif, la; Durst
soir, le; Abend
soirée, la; Abend
sol, le; Boden
soleil, le; Sonne
sombre; dunkel
son, sa; sein, -e
sonner; klingeln
souci, le; Sorge
souvent; oft
sport, le; Sport
stress, le; Stress
stylo bille, le; Kugelschreiber
Sud, le; Süden
Suisse, la; Schweiz
sûr; sicher
sympathique; sympathisch

T

tâche, la; Aufgabe
tante, la; Tante
tard; spät
tasse, la; Tasse
te; dir
technique, la; Technik
température, la; Temperatur
temps, le; Zeit
terre, la; Erde
terrible; schlimm
tiroir, le; Schublade
tissu, le; Stoff
toit, le; Dach
tomber; fallen/stürzen
ton, ta, tes; dein, -e
toucher; berühren
toujours; immer
touriste, le; Tourist
tourner; abbiegen
tous, toutes; all, -e, -s
tout de suite; sofort
tout droit; geradeaus
tout, e; all, -e, -s
tradition, la; Tradition
traduire; übersetzen
trafic, le; Verkehr
transporter; transportieren
travailler; arbeiten
traverser; überqueren
très; sehr
triste; traurig
troisième, le, la; dritter, -e, -es
trou, le; Loch
trouver; finden
tu; du
tuyau, le; Tipp

U

un peu; bisschen
un, une; ein, -e, -es

urgent; dringend
utiliser; benutzen

V

vacances, les; Ferien
vaisselle, la; Geschirr
végétarien, le; Vegetarier
vélo, le; Fahrrad
vendre; verkaufen
venir; kommen
venir avec; mitkommen
vérifier; prüfen
véritable; echt
vérité, la; Wahrheit
vide; leer
vie, la; Leben
vieux; alt
village, le; Dorf
ville, la; Stadt
visage, le; Gesicht
visiter; besuchen/besichtigen
vite; schnell
vivant; lebendig
vivre; leben/erleben
voir; sehen/merken
voix, la; Stimme
voler; stehlen/fliegen
voleur, le; Dieb
votre; euer, eure
vouloir; wollen
vous; euch/Sie
vrai; wahr

W

week-end, le; Wochenende